루이 브라유

점자를 만든 천재적 발명가, 여섯 개의 별이 되다

두레아이들 인물 읽기 7

루이 브라유

점자를 만든 천재적 발명가, 여섯 개의 별이 되다

차은숙 지음 | 윤종태 그림

두레아이들

추천하는 말

풍부한 감동과 인문적 교양을 갖춘 책

'훈맹정음'은 시각장애인을 위해 만들어진 한글 점자로서, 11월 4일(1926년 반포)은 '훈맹정음의 날'입니다. 앞을 못 보는 아이들을 가르치던 박두성 선생님께서 한글 점자를 만드셨지요. 그런데 '루이 브라유'가 없었다면 한글 점자가 탄생되기까지 오랜 시간이 걸렸을지도 모릅니다.

　루이 브라유는 박두성 선생님처럼 프랑스의 파리맹아학교 교사였는데, 그동안의 불편한 점자를 개선하여 새로운 점자를 만들었습니다. 43년이라는 너무도 짧은 삶을 산 브라유는 다섯 살 때부터 앞을 전혀 볼 수 없어서 40여 년 동안 시각장애인의 인생을 지냈습니다. 그러나 결코 눈물과 한숨, 죽음 같은 어둠 속에서 고통스럽게 살지 않았습니다. 자신처럼 평생을 어둠 속에서 남의 도움을 받아야만 살 수 있는 사람들이 정신적, 문화적으로 우뚝 설 수 있도록 하기 위해 점자를 만들었습니다. 그래야만 훨씬 독립적이고 당

당하게 살 수 있고, 더 나아가 이웃을 도와주는 사람이 될 수 있으니까요!

  한 사람의 불굴의 의지와 헌신, 그리고 대가를 바라지 않은 사랑은 시공간을 뛰어넘어 어둠 속에서 울고 있는 사람들에게 '앞을 볼 수 있는 기적'이나 다름없는 '읽고 배워서 사람답게 살 수 있는 소망'을 주고 있습니다. 어린이들이 풍부한 감동과 인문적 교양까지 갖춘 이 책을 읽고 나면 마음속에 저마다 꺼지지 않는 빛을 품을 것입니다.

노경실(작가)

머리말

여섯 개의 별로 세상을 읽어요

우리는 눈으로 예쁜 꽃을 보고 반짝이는 별을 봅니다. 사랑하는 가족이나 친구를 볼 때도, 책이나 스마트 폰을 볼 때도 눈으로 보죠. 사람들이 정보를 얻는 데에도 눈은 큰 도움을 줍니다. 하지만 눈으로 보는 세계가 전부는 아니에요.

보이지 않는 세상을 자신들만의 방법으로 보는 사람들이 있어요. 바로 시각장애인들입니다. 그들은 귀로 듣고, 손으로 만지며 세상을 만나요. 온통 어둠에 둘러싸여 있지만 마음속에는 늘 환한 빛을 품고 살아가죠.

이 책에서 만나는 사람은 이처럼 어둠 속에 사는 사람들에게 그 환한 빛을 선물한 천재적 발명가예요. 그는 어려서부터 한 가지를 만들기 위해 노력했고, 평생 그 한 가지를 고치고 다듬었어요. 이 사람은 세 살 때 시력을 잃고 평생 동안 시각장애인으로 살았던 루이 브라유(Louis Braille, 1809~1852)입니다.

천재적 발명이 무엇이냐고요? 점자예요. 시각장애인들이 눈 대신 손으로 읽고 쓰는 글자죠. 점자는 만든 사람 이름을 따서 브라유(Braille, 영어로는 브레일)라고 부릅니다.

루이가 점자를 만들기 전에는 눈먼 사람들이 글을 읽고 쓸 수 있는 방법이 없었어요. 학교에 다니거나 지식을 배운다는 건 더욱 힘들었지요. 직업을 찾기도 어려워 힘들게 살아가야 했어요. 시력을 잃어버린 어린 루이 앞에 놓인 세상의 모습은 이러했어요.

눈먼 소년 루이는 책도 읽고, 공부도 하고 싶었지만 그럴 수 없었어요. 음악을 사랑했지만 연주를 하려면 알아야 하는 악보도 배울 수 없었어요. 그래도 루이는 배우는 걸 포기하지 않았어요. 그 결과 루이는 파리맹아학교에 입학할 수 있었어요.

루이는 바르비에의 야간 문자에 기초해서 열두 살 때부터 눈먼 사람들이 쓸 수 있는 글자를 만들기 시작했어요. 주변 사람들의 우려와 만류에도 루이는 포기하지 않았고, 3년 동안 수많은 실패와 노력 끝에 점자를 만들었어요.

　루이가 만든 점자는 세로 3점, 가로 2점, 즉 6점 점자를 서로 다른 위치의 점을 도드라지게 해서 글자, 숫자, 기호, 악보를 모두 표시할 수 있어요. 그래서 '세상의 어떤 것도 만들 수 있는 여섯 개의 점'이라 부르기도 하죠.

　예부터 사람들은 어두운 곳에서 길을 잃을 때면 육지에서건 바다에서건 길잡이별을 보고 길을 찾았어요. 그럼 앞을 볼 수 없는 사람들에게 길잡이별은 무엇일까요? 그건 바로 점자예요. 보이지 않는 세상에서 여섯 개의 별로 세상을 보고 또 읽을 수 있도록 해 주니까요. 이렇듯 어둠 속에서 빛을 밝혀 준 점자를 만든 루이의 업적을 기려, 1992년에 발견된 소행성에 '9969 브라유'라는 이름이 붙여졌어요. 루이가 진짜 별이 된 것이지요.

많은 사람들이 루이가 만든 점자로, 헬렌 켈러처럼 세상과 소통했어요. 그리고 오늘도 누군가는 보이지 않는 세상에서 손끝으로 여섯 개의 별을 읽고 있습니다.

　어린이 여러분, 가끔 밤하늘을 올려다보며 별을 바라보세요. 그리고 별빛이 반짝일 때 인사해요.

　"고마워요, 루이."

2016년 8월
차은숙

차 례

추천하는 말　풍부한 감동과 인문적 교양을 갖춘 책　4
머리말　　　여섯 개의 별로 세상을 읽어요　6

1. 해가 뜨지 않는 나라　13

2. 길잡이별　31

3. 파리왕립맹아학교　43

4. 빛 속으로 한 걸음　59

5. 여섯 개의 점　79

6. 빛을 선물하다　94

7. 머나먼 길　111

8. 별이 되다　123

루이 브라유 연보　136
시각장애인에 대한 이해　138

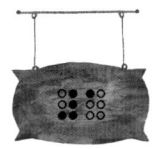

1. 해가 뜨지 않는 나라

잠에서 깬 루이는 한껏 기지개를 켰다. 온몸에 아침 햇살을 담으려는 듯. 그때 엄마의 목소리가 들렸다.

"루이, 일어났니?"

"네, 엄마!"

루이는 기운차게 대답하고 식탁으로 갔다. 잘 구운 고소한 빵 냄새 때문에 입가에는 미소가 저절로 번졌다.

"엄마, 날씨 좋죠?"

"응. 참 좋아."

"오늘은 엄마 날씨예요."

"엄마 날씨?"

"엄마를 안았을 때처럼 포근하고 따듯하고, 좋은 냄새가 나요."

"우와, 그럼 최고 좋은 날씨겠네!"

엄마는 기분 좋게 대답하고 루이를 안아 주었다.

맑고 화창한 5월 아침이었다. 루이네 집 마당에는 오렌지 양귀비꽃, 장미, 백합이 활짝 피어 있었다. 바람은 그 꽃향기를 풀 냄새와 함께 실어 왔다.

엄마는 이런 아침이면 마음이 더 아팠다. 몇 년 전 사고만 아니었다면 루이가 날씨를 아는 법은 달랐을 것이기 때문이다.

1809년 1월 4일, 루이는 프랑스 쿠브레이에서 태어났다. 쿠브레이는 파리에서 동쪽으로 약 40킬로미터 떨어진 농촌이다. 마을에 들어서면 돌로 지은 아담한 집들이 길을 따라 늘어서 있었다. 광장은 마을 한가운데를 차지했고, 광장 옆으로는 시장이 보였다. 광장을 지나면 오래된 성당이 나타나고, 그 뒤 나지막한 언덕으로는 포도밭이 넓게 펼쳐졌다.

루이네 집은 돌을 두껍게 쌓아 벽을 만든 튼튼한 집이었다. 집 안에는 떡갈나무로 만든 묵직한 침대와 식탁이 놓여 있었다. 가족들의 활기찬 목소리와 웃음소리가 거실 가득 넘쳐나고는 했다.

루이네 집 옆에는 아빠가 운영하는 마구점이 있었다. 마구점은 말고삐, 말안장, 등자 같은 말과 관련된 물건을 만드는 곳이다. 주로 포도 농사를 짓는 쿠브레이에서는 농사를 짓고 짐을 실어 나르려면 말이 꼭 필요했다. 사람들이 오갈 때도 마차를 타고 다녔기 때문에 마구점이 있기 마련이었다.

루이의 아버지, 시몽 브라유는 쿠브레이 근처에서 가장 튼튼하고 모양 좋은 마구를 만드는 사람으로 유명했다. 마구점은 할아버지 때부터 해 온 일이었고, 시몽은 어렸을 때부터 일을 배웠다. 시몽은 무두질한 가죽을 솜씨 좋게 다룰 수 있는 장인이었다.

루이는 4남매 중 막내로, 바로 위 누나와 12년이나 터울이 지는 늦둥이였다. 루이가 태어나자 아빠는 뜻밖의 선물을 받은 것처럼 기뻐했다. 엄마는 금발 머리에 눈이 파란 아기가 무척이나 예쁘고 사랑스러웠다.

세 살이 된 루이는 형과 누나들 뒤를 따라다니며 뭐든 흉내를 냈다. 루이네 집에는 할 일이 매우 많았다. 아빠가 마구를 만드는 동안 가축을 돌보고, 포도 농사를 짓는 일은 엄마와 아이들의 몫이었다.

루이는 형제들을 뒤쫓아 다니다가 싫증이 나면 마구점으로 갔다. 루이는 아빠 옆에서 노는 게 재미있었다.

"아빠, 뭐해?"

루이는 일을 하고 있는 아빠에게 물었다.

"말안장 만들어."

"말안장, 그게 뭐야?"

"네가 커서 말을 탈 때, 말 등에 편히 앉을 수 있게 해 주는 의자 같은 거야."

"나도 빨리 클래. 커서 말 탈 거야!"

"네가 크면 네 손으로 직접 말안장도 만들 수 있지."

"우와! 아빠처럼?"

시몽은 루이를 번쩍 안아 작업대로 올려 주었다. 이제 제법 말을 배워 조잘조잘 떠드는 아들이 무척 예뻤다. 아빠는 루이도 자신처럼 마구를 만드는 장인이 될 것이라고 생각했다.

작업대로 올라선 루이는 눈이 휘둥그레졌다. 작업대에는 쇠를 구부리고 가죽을 두드리는 데 쓰는 갖가지 도구들이 가득했다. 집과는 완전히 다른 신기한 세상이있다. 작업대 앞의 벽에는 가죽을 반반하게 펴거나 부드럽게 만들 때 사용하는 크고 작은 망치, 가죽을 자르는 날카로운 칼과 가위도 있었다. 또 가죽에 구멍을 내는 데 쓰는 뾰족한 송곳도 여러 개 걸려 있었다.

루이는 겁도 없이 잘 벼려진 작은 칼로 얼른 손을 뻗었다.

"루이, 안 돼. 만지면 큰일 나!"

시몽은 재빨리 루이의 손을 잡아챘다.

"왜?"

"만지면 다쳐. 피가 나서 아파."

"아빠도 피가 나?"

루이가 놀라서 물었다.

"걱정 마, 루이. 아빠는 안 다쳐. 어렸을 때는 많이 다쳤지."

시몽은 오래전 일을 떠올리며 상처투성이인 자신의 손을 보았다. 지금은 말에 쓰이는 그 어떤 물건도 만들 수 있다. 그렇게 되기까지 수없이 칼에 베이고 송곳에 찔렸었다. 망치에 맞아 손톱이 빠진 적도 여러 번 있었다.

시몽이 생각에 빠져 있는 동안, 루이는 또다시 살짝 손을 뻗어 송곳을 만지려고 했다. 시몽은 깜짝 놀란 나머지 루이의 손을 찰싹 때리고 말았다.

"만지지 말라고 했지?"

시몽은 큰소리로 루이를 혼냈다.

"아앙앙!"

루이는 울음을 터뜨렸다.

시몽은 한동안 작업대 근처에 루이를 오지 못하게 했다. 그럴수록 루이는 작업대의 신기한 도구들이 더 궁금해지고 만지고 싶어졌다.

어느 날, 집에 혼자 있던 루이는 아빠를 찾아 마구점으로 갔다. 그런데 아빠는 마구점을 잠깐 비우고 밖에서 다른 일을 하고 있었다. 아빠의 작업대에는 여전히 멋지고 신기한 공구들이 걸려 있었다. 루이는 작업대 앞에 있는 의자 위로 올라갔다. 많은 도구들 가운데 루이의 눈에 띈 것은 가죽을 뚫을 때 쓰는 송곳이었다.

"아빠처럼 해 봐야지."

루이는 아빠처럼 한 손에는 송곳을 들고, 다른 한 손으로는 가죽 조각을 붙잡았다. 그리고 아빠가 하던 것처럼, 가죽을 뚫는 시늉을 했다. 아빠는 쑥 하고 단번에 구멍을 뚫었다. 그런데 루이가 손을 대자 질긴 가죽은 쉽게 뚫리지 않았다. 몇 번을 해 보아도 가죽은 그대로였다.

루이는 휴우하고 숨을 한 번 몰아쉬었다. 그리고 얼굴을 바짝 갖다 대고 있는 힘껏 송곳을 밀어 넣었다. 송곳은 가죽 표면을 쭉 미끄러졌다. 그때였다.

"아얏! 아아아."

루이는 자지러지게 비명을 지르며 두 손으로 눈을 감쌌다. 순식간에 루이의 한쪽 눈에서 피가 흘렀다.

"루이, 루이! 왜 그러니?"

루이의 비명을 듣고 아빠가 놀라서 달려왔다.

"으으윽. 아파요! 눈이 너무 아파……."

엄마는 루이의 모습을 보고 정신이 아뜩했다. 아빠는 계속 울부짖는 루이를 안고 정신없이 의사를 찾아갔다. 루이는 말할 수 없이 아프고 무서워서 아빠의 품에 안긴 채 온몸을 떨었다.

의사는 서둘러 루이의 다친 눈을 보았다. 의사는 송곳에 찔린 상처가 너무 깊어 치료를 할 수가 없다고 했다. 피를 닦아 내고, 깨끗한 천으로 상처를 보호한 게 다였다. 루이가 살던 1800년대 초반에는 의학이 발달되지 않았다. 더구나 눈을 전문적으로 치료하는 안과는 생기지도 않았을 때였다

루이는 겨우 세 살이었다. 이제 배운 말을 재잘대고 궁금증 많고 장난치기 좋아하는 평범한 어린아이였다.

'우리 아기에게 이런 큰 시련이 닥치다니…….'

루이를 집으로 데리고 돌아온 엄마의 눈에서는 눈물이 멈추지 않았다.

시간이 지나자 눈의 통증은 점점 사라졌다. 그렇지만 다친 눈은 볼 수 없게 되었다. 그리고 얼마 지나지 않아 다치지 않은 다른 쪽 눈

도 감염이 되었다. 한쪽 눈이 깊은 상처를 입고 감염이 되면 다른 쪽 눈에도 이상이 생겼다. 우리 몸이 다친 눈의 부위를 낫게 하려고 하는 과정 중에 건강한 조직도 손상을 일으키는 것이다. 사람들은 이런 사실을 수백 년 전부터 알고 있었지만 치료법은 달리 없었다.

결국 루이는 다섯 살이 되었을 때 두 눈이 완전히 멀고 말았다.

이제 아무것도 볼 수 없게 된 루이가 물었다.

"엄마, 아직도 밤이야?"

"이제 아침이야."

"아침? 그런데 왜 이렇게 캄캄해?"

"네가 눈을 다쳐서 그래."

"그럼, 다른 사람들은 아침이야?"

"응……."

엄마는 입술을 깨물며 겨우 대답했다.

엄마의 대답을 듣던 루이가 갑자기 울음을 터트렸다. 울음소리는 점점 커졌다. 루이는 발버둥을 치며 울었다. 엄마는 우는 루이를 꼭 끌어안아 주었다. 엄마와 루이는 그렇게 한참을 붙안고 함께 울었다.

울음이 잦아들자 루이가 지친 얼굴로 다시 물었다.

"엄마, 이담에 내가 커도…… 눈이 안 보여?"

"루이, 네 눈은 의사 선생님도 고칠 수가 없대."

"그럼, 나는 해가 뜨지 않는 나라에 사는 거야?"

엄마는 아무 대답도 하지 못한 채 울먹였다.

"엄마, 그럼 나는 아무것도 못 보고 아무것도 못 해?"

루이는 풀 죽은 목소리로 말했다.

"아니야, 그렇지 않아! 눈이 안 보인다고 아무것도 못 하는 건 절대 아니야!"

"정말?"

"그래, 루이. 괜찮아, 괜찮을 거야……."

루이는 몇 번이나 같은 것을 묻고 또 물었다.

엄마는 그때마다 괜찮다고 대답했지만 속으로는 무척 두려웠다. 루이를 앞으로 어떻게 키우고 돌볼까 하는 걱정만 쌓여 갔다. 루이가 살던 때, 눈먼 사람들의 삶은 대개 불행했다. 눈먼 사람들은 제대로 교육을 받을 수 없었고, 직업을 가질 수도 없었다. 그래서 거지가 되어 평생 구걸하며 살아가거나, 우스꽝스러운 쇼를 하는 서커스 단원으로 살아가야 했다. 그렇지 않으면 온갖 궂은일을 하며 적은 돈을 벌어 겨우 살아가기도 했다.

'루이가 다치지 않게 잘 돌봤어야 했는데…….'

엄마는 그 사고가 자신이 루이를 잘 보살피지 못해 일어난 것 같아 괴로웠다.

눈만 뜨면 환하게 보이던 세상이 이제 루이에게는 아무것도 보이는 않는 세상으로 변했다. 어둠 속에 갇힌 루이는 두 손을 휘휘

저으며 집안 여기저기를 돌아다녔다. 작은 손으로 검은 장막을 찢어 버리려는 것처럼. 그러나 현실은 어둠의 장막이 찢어지기는커녕 어린 루이를 더욱 옥죄었다. 루이가 돌아다닐수록 벽과 문에 부딪쳐 피가 나고 멍이 들기 일쑤였고, 가구에 걸려 매번 넘어졌다.

얼마 뒤, 루이는 꼼짝하지 않고 침대에 누워 있거나, 의자에 앉아 있기만 했다. 엄마가 잠시 이끌고 나가는 때를 빼고는.

조금 더 시간이 지나자 루이는 처음처럼 울거나 소리치는 일이 잦아들었다. 그 대신 말없이 슬퍼했다. 엄마와 아빠, 형과 누나들도 루이와 함께 슬퍼하며 위로해 주었다.

슬프고 고통스러운 나날 속에서도 시간은 쉼 없이 흘렀다. 루이가 점점 자라자 엄마 아빠도 새로운 다짐을 했다.

"여보, 우리 루이를 어떻게 하면 좋죠?"

"다른 눈먼 사람들처럼 살게 할 수는 없지."

"루이는 착하고 누구보다 영리한 아이예요."

"그럼, 그렇고말고. 우선 루이가 혼자 나다닐 수 있도록 해야겠어."

아빠는 어느 때보다 공을 들여 무언가를 만들기 시작했다. 작업을 끝내자 아빠는 루이를 찾았다.

"루이, 만져 봐."

아빠가 루이의 손에 무언가를 쥐어 주었다.

"이 나무는 뭐야?"

루이는 고개를 갸웃거렸다. 가늘고 단단한 나무였다.

"이 나무는 이제부터 네 친구란다."

"친구?"

"그래, 친구. 네가 길을 걷거나 계단을 오를 때는 물론 언제 어디를 가든지 너의 곁에서 너를 도와줄 지팡이야."

"아…… 친구? 지팡이 친구?"

루이는 아빠가 만들어 준 지팡이가 무척 낯설었다. 아니 싫었다.

쿠브레이에 사는 루이 또래들 중 지팡이를 친구로 둔 애는 아무도 없었다. 루이는 놀림을 당하더라도 진짜 친구들과 놀고 싶었다. 지팡이라는 친구는 사귀고 싶지 않았다.

"루이, 지팡이가 있으면 마을에도 쉽게 나갈 수 있고, 아이들과도 놀 수 있어."

"으응."

루이는 마지 못해 대답을 했다. 그렇지만 이제 겨우 여섯 살인 루이가 자신보다 작은 지팡이를 친구로 받아들일 때까지는 시간이

1. 해가 뜨지 않는 나라

필요했다. 루이는 일부러 지팡이 없이 문밖을 나가기도 했고, 깜빡 잊기도 했다. 하지만 그보다 더 큰 문제는 지팡이를 세워둔 곳을 찾을 수 없다는 것이었다. 엄마는 지팡이를 찾아 루이 옆에 항상 놓아두었다.

루이는 지팡이를 짚고 돌아다니면서 여기저기에 부딪치고 걸려 넘어지는 일이 줄어들었다. 루이는 지팡이로 두드리고 가늠하며 앞에 어떤 물건이 있는지 알아 갔다. 처음에는 서툴렀지만 조금씩 익숙해졌다.

"루이, 식탁으로 오렴."

엄마가 부르자 목소리가 들리는 쪽으로 몸을 돌리고 지팡이를 두드리며 걸어갔다.

타닥, 타닥, 탁탁탁.

루이는 이제 가구나 나무의자에 걸려 넘어지지 않고 식탁까지 갈 수 있게 되었다. 엄마는 루이가 대견했다.

"오늘은 다락방에 올라가 볼래."

"엄마가 도와줄까?"

"나 혼자서 할래."

루이는 다락방으로 올라가는 돌계단을 손으로 하나하나 더듬어

기어가듯이 올라갔다. 엄마는 조마조마한 마음으로 지켜보았지만 루이는 끝까지 혼자서 해냈다. 이런 것은 아무것도 아니라는 듯.

집 안을 어느 정도 익히자 엄마는 루이를 집 밖으로 데리고 나가 보기로 했다. 처음에는 엄마가 루이의 손을 잡고 마당으로 나갔다. 그다음에는 집 옆에 있는 우물을 오갔다. 집 안과 주변은 제법 익숙해졌다.

이제 조금 더 넓은 곳으로 나가 보기로 했다. 루이도 조금씩 자신감이 생기는 듯했다. 가족들과 함께 때로는 혼자서. 이웃들도 루이를 보면 반갑게 인사하며 도와주었다. 루이는 지팡이 친구와 어느새 한 몸이 된 것 같았고, 마을로 나가는 것도 어렵지 않게 되었다.

"루이, 성당에 갈까?"

"좋아."

루이는 망설임 없이 기분 좋게 대답했다.

"우리 손잡고 갈까?"

루이는 대답 대신 지팡이를 살며시 흔들어 보였다.

엄마도 알았다고 말하며 흐뭇한 미소를 지었다.

루이는 지팡이를 타닥거리며 앞장서 나갔다. 지팡이로 길바닥을 수없이 두드리며 앞에 어떤 장애물이 있는지, 어디가 움푹하고 어

디쯤에 턱이 있는지 알아냈다. 또 도랑이나 돌은 없는지 지팡이로 알아 갔다.

가을이 되자 루이는 잘 익은 포도 냄새를 따라 포도밭이 있는 마을 밖 언덕까지 다녀올 수 있게 되었다. 그 길에서 루이는 과일과 곡식들을 키워 내는 따듯한 햇살과 바람을 온몸으로 느꼈다. 가끔은 비를 맞기도 했다. 또 지저귀는 새와 동물 들의 소리를 들었다. 향기를 머금은 꽃과 풀도 만지고 냄새를 맡았다. 어느새 자연이 정다운 친구처럼 느껴졌다.

루이는 자신이 눈으로 세상을 보지 못한다는 것을 받아들였다. 눈으로 보는 대신 귀로 듣고, 손으로 만지며 온몸으로 세상을 이해하려고 노력했다. 그렇지만 익숙한 집에서 밖으로 나갈 때면 가슴이 콩닥대고 두려운 마음이 앞섰다. 그럴수록 루이는 지팡이를 단단히 그러쥐었다.

엄마에게 해가 뜨지 않느냐고 묻던 루이는 이제는 알고 있었다. 자신에게 보이지 않아도 매일 아침마다 해가 떠오르고 온 세상을 환하게 비춘다는 것을.

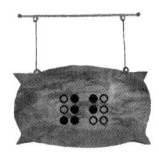

2. 길잡이별

루이는 지팡이와 친구가 되느라 힘든 한 해를 보냈다. 이제 일곱 살이 된 루이는 조금씩 밝고 씩씩한 모습이 되었다. 봄이 되자 루이는 친구들과 놀고 싶어 광장으로 나갈 때가 많았다.

루이가 광장에 들어서면 친구들 몇이 뛰어왔다. 아이들은 루이에게 말을 건네고 자기들 놀이에 끼워 주기도 했다. 그러나 잠깐뿐이었다. 루이는 다른 아이들처럼 뛰어놀거나 숨바꼭질을 하지는 못했다. 그러자 짓궂은 아이들이 루이를 놀렸다.

"눈먼 루이, 바보!"

"지팡이 루이, 바보!"

루이는 화가 나서 지팡이를 짚고 다시 집으로 향했다. 아이들은

루이를 계속 놀렸다.

"학교도 못 가는 루이"

"글자도 모르는 루이. 그러니까 바보지."

"나, 바보 아냐!"

루이는 뒤로 휙 돌아서서 큰소리로 대답했다. 그렇지만 속으로는 잔뜩 풀이 죽었다. 또래 친구들은 모두 학교에 다니며 공부하고 있었다.

그날 저녁, 루이가 아빠에게 말했다.

"아빠, 아빠는 뭐든지 다 만들 수 있어?"

"그럼, 우리 아들이 필요한 거라면."

"그럼, 학교랑 글자 좀 만들어 줘!"

"……."

"나도 학교에 가고 싶어."

아빠는 아무 대답도 못 했다. 루이가 자랄수록 아이를 어떻게 가르칠 수 있을지를 고민했지만 도무지 방법이 없었다.

아빠는 궁리 끝에 망치를 집어 들었다. 그러고는 나무판자에 못을 박아 알파벳을 만들기 시작했다. 루이는 아빠가 만들어 준 알파벳을 하나하나 손으로 만지며 글자를 알게 되었다. 그러나 알파벳을 익힌 다음에 루이와 아빠는 무엇을 해야 할지 알 수가 없었다.

활짝 핀 장미 향기가 짙어지던 어느 날, 엄마는 루이의 반짝이는 금빛 머리카락을 쓰다듬으며 말했다.

"루이, 오늘은 멋진 소식이 있어."

"무슨 소식?"

"마구점에 가자. 아빠가 말해 주고 싶은 게 있대."

루이는 의자에서 일어나 지팡이를 짚고 급히 현관 쪽으로 갔다. 그런데 들뜬 마음 때문인지 몇 걸음 내딛다가 '쿵' 넘어지고 말았다.

"다치지 않았니?"

엄마가 차분히 물었다.

루이는 아직도 넘어지기 일쑤였다. 하지만 가족들은 무조건 도와주는 대신, 루이 스스로 혼자 해결할 수 있도록 지켜보며 기다렸다.

"괜찮아. 빨리 듣고 싶어. 그게 뭔지."

루이는 아무렇지도 않은 듯 명랑하게 말하고 손을 더듬어 지팡이를 찾았다. 그리고 작은 지팡이로 '탁탁' 바닥을 두드리며 어느새 현관문 앞에 섰다. 문을 열자 기다리고 있던 것처럼 환한 햇살이 쏟아졌다.

투둑 툭. 툭툭툭.

아빠가 가죽을 무두질하며 내는 망치 소리가 가까이 들렸다. 루이의 가슴도 뛰기 시작했다.

아빠는 망치질을 멈추고 아들을 반갑게 맞았다. 루이는 손을 뻗어 아빠에게 다가갔다. 아빠도 루이의 손을 맞잡았다.

"아빠! 멋진 소식이 뭐야?"

"너, 공부하고 싶다며?"

"응. 하느님께 날마다 기도하는 걸."

루이는 얼굴이 발그레해졌다.

"신부님이 네 기도를 들어주셨어."

"야호!"

루이는 아빠 손을 잡은 채로 펄쩍 뛰었다.

쿠브레이 마을에는 성 베드로 성당이 있었다. 이 성당의 팔뤼 신부님은 누구에게나 친절했다. 생각도 깊고 학식도 많은 분이었다. 마을 사람들의 사정을 잘 아는 신부님은 사고로 시력을 잃은 루이를 유심히 지켜보았다. 그리고 루이가 숱한 시련을 겪으며 이겨 내고 있다는 것을 알게 되었다. 루이가 또 얼마나 영리하고 밝고 씩씩한 아이라는 것도. 신부님은 루이에게 공부를 가르쳐 보고 싶다고 루이 부모님에게 말했다.

"그렇게 좋아?"

루이 모습에 엄마 목소리도 저절로 높아졌다.

"응. 좋아. 너무 좋아! 난 뭐든지 배울 거야."

루이는 잔뜩 들떠서 소리쳤다.

루이는 그다음 날부터 성당에 공부하러 가기 시작했다. 루이는 엄마가 깨우지 않아도 아침 일찍 일어나 성당에 갈 준비를 마쳤다. 며칠 동안 엄마와 함께 성당으로 가던 루이는 혼자 다니겠다며 길을 나섰다.

"루이, 갈 수 있겠니?"

"엄마. 이제 걱정하지 마. 나 혼자 할 수 있어."

팔뤼 신부님은 루이에게 성경과 역사를 가르쳤다. 신부님은 믿음과 겸손, 용기에 대해서도 많은 이야기를 들려주었다. 신부님은 공부를 가르치기 시작한 지 얼마 지나지 않아 루이가 기억력이 뛰어나다는 것과 눈이 보이지 않는 대신 다른 감각이 아주 발달한 아이라는 것을 알게 되었다.

"루이, 밤하늘에 반짝반짝 빛나는 별이 있어."

"별이요? 저는 반짝인다는 게 뭔지 몰라요."

루이는 시무룩해히며 말했다.

"그렇지 않아 루이, 이 세상 모든 사람들이 반짝이는 별을 알고 있어."

"어떻게요?"

"너도 눈을 다치기 전에 별을 봤을 거야. 아니, 엄마 배 속에서부터 엄마 눈을 통해서도 봤지. 세상에 태어난 사람은 누구나 그렇게 빛을 본단다."

'그렇구나. 나도 빛을 알아!'

한 번도 그런 생각을 해 보지 않은 루이는 기분이 좋아졌다.

"길잡이별이라고 들어 봤니?"

"작은곰자리 북극성 말이죠? 길을 알려 주는 별이요."

"그래, 잘 아는구나."

"형이 이야기해 줬어요."

"옛날에는 북극성을 스텔라 마리스라고 했단다."

"무슨 뜻이에요?"

"스텔라 마리스는 라틴 어로 '바다의 별'이라는 뜻이야. 북극성은 언제나 북쪽 똑같은 자리에서 빛나. 그래서 예로부터 뱃사람들의 길잡이 역할을 했어. 어두운 바다에서 길을 잃은 사람들이 북극성을 보며 길을 찾았지."

"네…… 그런데 신부님 저처럼 눈먼 애들한테도 길잡이별이 있나요?"

"그럼, 있고말고. 길잡이별은 하늘에만 있는 건 아니야."

루이는 신부님 이야기에 귀를 기울였다.

"사람들 가슴속에도 있어. 어떤 사람들은 자신의 가슴속에 있는 별로 다른 사람들의 길잡이별이 되기도 한단다."

"우와! 그렇구나. 누가 그런 길잡이별이 될 수 있어요?"

"루이, 너도 될 수 있어. 넌 아직은 아기별이지만 언젠가는 길잡이별처럼 반짝반짝 빛날 수 있어."

루이는 알 듯 모를 듯 신부님 이야기에 고개를 갸웃거리면서도 마음이 환해졌다.

날씨가 좋은 날이면 신부님과 루이는 커다란 나무 아래 앉아서 공부를 했다. 바람에 흔들리는 나뭇잎 소리는 루이의 가슴속에서 푸른빛으로 차오르는 것 같았다.

루이에게 1년 남짓 공부를 가르친 신부님은 루이가 학교에서도 뛰어난 학생이 될 거라고 생각했다. 신부님은 베슈레 선생님을 만나기 위해 학교에 갔다.

"베슈레 선생님, 루이 브라유라는 아이가 있는데 아주 총명하고 착한 아이예요. 선생님이 우리 루이를 가르쳐 주시면 고맙겠습니다."

"신부님이 그렇게 칭찬하는 아이라면 어서 만나고 싶군요. 그런데 왜 학교에 다니지 않죠?"

"사실은 루이가 앞을 보지 못합니다."

"신부님, 저는 눈먼 아이를 가르쳐 본 적이 없는데요……."

당황한 베슈레 선생님이 말했다.

팢뤼 신부님은 루이가 어떤 아이인지, 함께 공부한 1년간의 이야기를 자세히 들려주었다.

"아, 루이가 신부님과 그렇게 공부했군요. 제가 잘 가르쳐 보겠습니다."

베슈레 선생님은 진심으로 대답했다.

루이는 이제 공부하러 성당으로 가는 대신 마을 학교로 가게 되었다. 이웃집에 사는 친구가 아침마다 루이네 집에 들러 함께 학교에 갔다.

루이가 학교에 다니기 시작한 지 얼마 지나지 않아, 베슈레 선생님도 루이의 총명함을 알아보았다. 루이는 책을 읽고 글을 쓸 수는 없지만 선생님의 수업 내용을 모두 외웠다. 루이는 학교가 끝나고 집에 돌아와도 몇 번씩 수업 내용을 생각하고 되뇌었다.

루이가 학교에 다니기 시작한 지 2년이 지났다. 팢뤼 신부님은 그동안에도 루이를 만나, 이것저것 물어 보고, 이야기를 많이 나누었다.

"루이, 선생님이 네가 역사를 아주 잘 안다고 칭찬을 많이 하시더구나."

"신부님, 저는 공부가 재미있어요. 베슈레 선생님도 참 좋아요."

"우리 루이는 앞으로 공부를 더 잘하겠구나."

"그렇지만 저는 책을 읽을 수는 없는 걸요……."

루이는 다음 말을 잇지 못하고, 고개를 푹 숙였다.

"루이, 너무 실망하지 마. 방법을 찾아보자."

팔뤼 신부님은 루이의 처진 어깨를 토닥였다.

"그런 방법이 있으면 얼마나 좋을까요?"

루이는 학년이 올라갈수록 선생님의 수업 내용을 모두 외우는 것도 좋지만 그보다는 책을 읽을 수 있으면 좋겠다고 생각했다. 세상의 모든 지식은 책 속에 있다는 것을 알게 되었기 때문이다.

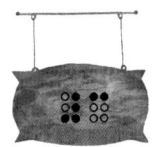

3. 파리왕립맹아학교

 열 살이 된 루이는 몸도 마음도 많이 자랐다. 루이는 수업을 열심히 듣고 잘 외웠다. 그만큼 공부를 잘하고 싶은 욕심이 생겼고 책을 읽고 싶다는 마음도 점점 커졌다. 그 무렵, 루이의 부모님과 팔뤼 신부님, 베슈레 선생님도 고민하기 시작했다. 루이를 제대로 가르칠 수 있는 방법을 누구도 잘 알지 못했기 때문이었다.

 그러다가 베슈레 선생님이 파리에 시각장애 아이들을 전문적으로 가르치는 기숙학교인 맹아학교가 있다는 것을 알아냈다. 맹아학교에서는 시각장애 아이들이 공부하며 기술을 배운다고 했다. 베슈레 선생님은 이 소식을 팔뤼 신부님에게 알렸다.

 신부님은 여러모로 알아본 끝에 파리왕립맹아학교와 이 학교를 세운 발랑탱 아우이에 대해 자세히 알게 되었다.

맹아학교는 발랑탱 아우이가 시각장애인을 위해 설립한 세계 최초의 학교였다. 이 학교가 세워지기 전에는 시각장애인이 일반 학교를 다닌다는 것은 꿈도 꿀 수 없었고, 이들을 위한 별도의 학교도 없었다.

  아우이가 시각장애인에 관심을 갖게 된 것은 파리의 한 카페에서 있었던 우연한 만남 때문이었다. 아우이는 부족함 없이 지내는 젊은 관리였다. 다른 나라 언어에 능통하고, 암호 해독에도 남다른 재주가 있었다. 아우이는 왕의 통역사라는 명예직도 갖고 있었다.

  아우이는 차를 마시러 들른 카페에서 눈먼 사람들을 만났다. 그들은 우스꽝스러운 모자와 옷을 입고 음악을 일부러 엉터리로 연주했다. 카페에 있던 사람들은 이들의 연주를 보고 웃고 떠들며 놀려 댔다. 그리고 눈먼 연주자들에게는 동전 몇 닢을 던져 주었다.

  '저 사람들은 얼마나 힘들고 슬플까.'

  공연을 본 아우이는 다른 사람처럼 재미있어 하는 대신 마음이 아팠다. 그리고 깊은 고민에 빠졌다.

  '눈먼 사람들이 웃음거리가 되지 않고, 다른 방법으로 살아갈 수

는 없을까?'

아우이는 어떻게 하면 그들을 도울 수 있을까 생각했다. 그러던 중 니콜라스 손더슨 교수의 이야기를 알게 되었다. 손더슨은 갓난아기 때 천연두를 앓은 뒤부터 앞을 보지 못했다. 하지만 뛰어난 수학적 재능으로, 수학 관련 분야 최고 교수직인 케임브리지 대학교의 루커스 수학 석좌교수가 되었다. 아이작 뉴턴도 지냈던 영예로운 자리였다. 손더슨 교수는 눈이 보이는 사람들에게 수학을 가르쳤다. 또 수학뿐만 아니라 승마, 사냥도 즐기며 시를 낭송하고 플루트 연주에도 뛰어났다.

또 이 무렵 아우이는 오스트리아의 젊고 유명한 시각장애인 음악가인 마리아(마리아 테레자 폰 파라디스)를 알게 되었다. 마리아는 귀족 여성으로 하프시코드(피아노의 전신인 건반악기로 16~18세기에 활발하게 연주됨)를 연주하며 유럽 연주 여행을 다니고 있었다. 마리아는 어렸을 때 병으로 시력을 잃었지만 좋은 교육과 최고의 음악가들에게 음악 교육을 받았다. 모차르트는 〈피아노 협주곡 18번〉을 그녀에게 바치기도 했다. 마리아는 제대로 교육을 받는다면 시각장애인도 성공적으로 살 수 있음을 보여 주었다. 그리고 시각장애인의 교육에서 손으로 만지며 배우는 촉각 교육과 음악 교육이 얼마나 중요한지를 일깨워 주었다.

아우이는 손더슨 교수와 마리아의 모습을 보며 다짐했다.

'시각장애인들이 직업도 없이 괴롭고 위험하게 살아가게 해서는 안 돼. 그들에게 알맞은 일을 찾아 주고, 사람들과 함께 살아갈 수 있도록 희망을 줘야 해! 그러려면 시각장애인들을 아이 때부터 제대로 가르쳐야 해!'

아우이는 시각장애인을 돕는 자선기관을 찾아가 아이들을 가르치겠다는 뜻을 밝혔다. 그리고 프랑수아라는 앞을 보지 못하는 소년을 소개받았다. 프랑수아는 아무 교육도 받지 못한 채 구걸을 하고 있었다.

"프랑수이, 우리 같이 공부해 보면 어떨까?"

"공부라고요? 저 같은 애도 공부할 수 있어요?"

"그럼, 할 수 있지."

아우이의 확신에 찬 대답을 들으며 프랑수아의 얼굴이 밝아졌다.

"프랑수아, 언제부터 시작할 수 있니?"

아우이는 프랑수아의 대답을 기대하며 다시 한 번 물었다.

"저는 공부는 하고 싶지만…… 아무래도 안 될 거 같아요."

프랑수아는 한동안 아무 말도 하지 않았다.

"무슨 일이 있니? 왜 안 되는지 말해 주면 고맙겠다."

"선생님, 전 날마다 구걸을 해야만 해요. 저희 집은 너무 가난해서 제가 구걸한 돈으로 생활비를 보태야 해요."

프랑수아는 목멘 소리로 대답했다.

아우이는 프랑수아 곁으로 다가가 손을 꼭 잡았다. 야위고, 잔뜩 때가 낀 상처투성이 손이었다.

"그렇구나. 그럼…… 그 문제를 내가 해결해 볼게."

아우이는 프랑수아가 구걸해서 벌 수 있는 만큼의 돈을 프랑수아 가족에게 주기로 했다. 프랑스아는 구걸 대신 공부를 할 수 있게 되었다.

1784년, 선생님이 된 아우이와 학생이 된 프랑수아는 수업을 시작했다. 매우 뜻 깊은 순간이었다. 이 두 사람의 수업으로 세계 최초의 맹아학교가 시작되었기 때문이다.

프랑수아는 열심히 공부했다. 아우이는 프랑수아에게 나무로 만든 알파벳 모형을 익히게 했다. 또한 여러 가지 지식도 가르쳤다.

수업을 계속하던 어느 날, 프랑수아가 활자로 인쇄된 종이를 손으로 더듬다가 볼록하게 인쇄된 'O'자를 만지게 되었다. 프랑수아는 그 글자가 'O'자인지 물어보았다. 아우이는 종이에 볼록하게 다른 글자를 새긴 다음 다시 프랑수아에게 물어보았다. 이번에도 프랑수아가 맞게 대답하자, 아우이는 알파벳 전체를 볼록하게 새겨 프랑수아에게 손끝으로 만져 보게 했다. 프랑수아는 이런 방법으로 단어들을 읽기 시작했다. 아우이의 '돋음 문자'는 이렇게 만들어졌던 것이다.

프랑수아는 몇 달간 노력한 끝에 문장을 읽을 수 있게 되었다. 돋음 문자는 시각장애인이 직접 글을 읽을 수 있는 최초의 문자가 되었다.

아우이는 돋음 문자를 만든 뒤 눈먼 아이들의 교육을 위해 더욱 헌신했다. 맹아학교는 읽기, 쓰기, 산수, 역사, 지리, 음악, 기술을 가르쳤다. 그리고 손가락으로 읽을 수 있도록 글자가 도드라지게 인쇄한 돋음 문자 책을 만들었다.

맹아학교는 학생 수도 늘어나기 시작했고, 많은 사람들의 관심과 후원을 받게 되었다. 후원자 중에는 프랑스의 왕과 왕비인 루이 16세와 마리 앙투아네트도 있었다.

1786년, 발랑탱 아우이와 맹아학교 아이들은 궁전으로 초대를 받았다. 아우이는 아이들이 얼마나 열심히 노력했는지 보여 주기로 했다. 아이들은 왕과 왕비 앞에서 돋음 문자를 읽었다. 왕과 왕비는 시각장애인 아이들이 글을 읽는다는 것에 놀라고 감동을 받았다. 그 결과로 맹아학교는 왕실의 재정적인 도움을 받는 왕립맹아학교가 되었다.

하지만 1789년, 프랑스에서 혁명이 일어난 뒤 정치적으로 혼란한 시기가 계속되었다. 아우이는 학생들과 학교를 지키기 위해 여러 방면으로 노력했지만 1802년 교장에서 물러나야 했다. 그 뒤 맹아학교에는 세바스티엥 기이라는 의학 박사가 새로운 교장에 임명되었다.

파리왕립맹아학교의 역사를 알게 된 신부님은 루이가 학교에 갈 수 있는지 알아보았다. 그리고 루이의 부모님과도 상의를 했다.

"시몽, 루이를 파리에 있는 맹아학교에 보내면 좋겠어요. 그곳에 가면 눈먼 아이들도 글과 기술을 배울 수 있어요."

"신부님, 루이를 그렇게 먼 곳으로 보낼 수는 없습니다."

"파리까지 마차로 4시간 거리예요. 그 정도는 얼마든지 오갈 수 있어요. 루이는 배우고 싶어 해요! 기회를 줘야 해요."

"루이는 평범한 보통 애가 아니잖습니까?"

"시몽, 루이가 가족과 고향을 떠난다는 게 걱정되겠죠?"

"네. 항상 저희 가족이 돌봐 왔으니까요."

"물론 그랬죠. 하지만 루이는 혼자서 할 수 있는 아이예요. 우리 모두 그걸 알고 있어요. 우선 입학 허가를 받아야 하니 시간이 필요해요. 그동안 생각해 보세요."

"알겠습니다."

아빠는 대답을 했지만 루이를 넓은 세상으로 내보낸다고 생각하니 걱정이 앞섰다. 이 마을에서는 자신이 지켜줄 수 있었다. 이제 결혼하고 자리를 잡은 형제들도 있었고, 마을 사람들도 따뜻한 마음으로 루이를 도와주었다. 그런데 파리로 간다면 그곳은 '눈먼 아이'라는 차디찬 현실만 버티고 있을 것 같았다.

신부님이 여러모로 힘쓴 결과 루이는 장학생으로 입학 허가를 받게 되었다. 허가증을 받은 팔뤼 신부님은 서둘러 루이네 집으로 갔다.

집 앞에 앉아 있던 루이는 신부님의 급한 발소리를 알아듣고 반갑게 일어섰다.

"신부님!"

루이는 발소리만 듣고도 그가 누구인지 대개는 알아맞혔다.

"루이. 내가 왜 왔는지 아니? 네가 들으면 놀랄걸."

"뭐데요?"

"궁금해도 조금만 참아라. 들어가서 너희 부모님과 함께 이야기하자."

루이 가족과 신부님이 떡갈나무 식탁에 둘러앉았다.

"모두 기뻐하세요! 루이가 파리에 갈 수 있게 됐어요. 맹아학교에서 입학 허가가 났으니 루이도 이제 글도 읽고, 기술도 배우는 거죠."

팔뤼 신부님이 들뜬 목소리로 말했다.

"신부님, 지난번에 말씀하셔서 생각해 봤지만 아무래도 무리입니다."

아빠는 어두운 얼굴로 대답했다.

"시몽, 물론 걱정이 되겠죠. 그렇지만 루이는 잘 해낼 거예요."

아빠는 생각에 잠겨 말을 하지 않았다. 그런데 엄마는 아빠와 생각이 달랐다.

"여보, 우리 루이를 꼭 파리로 보내 주세요. 루이는 더 많은 걸 배울 수 있는 아이예요. 당신도 아시잖아요?"

엄마가 확신에 차서 말했다.

"아빠, 파리에 가고 싶어요!"

숨을 죽이고 가만히 듣고 있던 루이는 의자에서 벌떡 일어나며 소리쳤다.

"그건 안 돼. 너 혼자 파리에서 어떻게 지내?"

입을 꼭 다물고 있던 아빠는 다시 반대를 했다.

"저는 글을 읽고 싶어요! 꼭 책을 보고 싶다고요."

루이가 울먹이며 말하자 엄마가 루이 곁으로 다가갔다.

"루이, 너 할 수 있겠니?"

아빠가 엄마와 루이를 보며 물었다. 루이는 눈물을 닦으며 고개를 끄덕였다. 아빠도 루이 곁으로 다가가 엄마와 루이를 안았다.

"루이가 저렇게 가고 싶다고 하니, 보내겠습니다."

신부님은 서로를 안고 있는 루이 가족 곁으로 다가가 모두를 축복해 주었다.

1819년, 루이는 열 번째 생일이 지난 며칠 뒤, 쿠브레이를 떠났다. 아빠와 함께 마차에 오르기 전, 가족들과 인사를 나누었다. 어린 아들을 파리로 보내는 엄마는 걱정이 많았다.

"건강하게 잘 지내야 한다."

루이는 그동안 자신의 눈이 되어 주고, 함께 울어 주던 엄마 곁을 떠난다는 게 실감났다. 목이 메어서 아무 말도 나오지 않았다.

"넌 멋진 아이야."

엄마는 넉넉한 품으로 루이를 감싸 안으며 말했다.

"엄마……."

루이는 아빠와 함께 마차에 올랐다. 마차는 루이의 마음을 아는 것처럼 천천히 쿠브레이의 언덕길을 올랐다. 그리고 파리를 향해 달려 나갔다.

마차로 몇 시간을 달려 도착한 파리는 1월의 매서운 겨울바람이 휘몰아치고 있었다.

"추워요!"

마차에서 내리자마자 루이가 말했다.

"여기서 멀지 않은 곳에 있는 센 강에서 불어오는 찬바람 때문이야."

아빠는 루이의 옷깃을 여며 주었다.

"모든 느낌이 쿠브레이하고 달라요!"

루이는 어깨를 잔뜩 웅크린 채 긴장하며 지팡이를 꽉 붙잡았다.

맹아학교는 모든 것이 차갑고, 눅눅하게 느껴졌다.

"루이, 여긴 파리야. 파리는 이 세상에서 제일 큰 도시지. 사람도 많고, 건물도 많고, 무척 복잡하단다. 이 학교 건물도 5층이나 돼. 지은 지 200년이 넘었대."

"아빠, 이제 나는 어떡해요?"

"루이, 걱정 마. 처음이라 그렇지 차츰 익숙해질 거야."

"그렇지만…… 뭐가 뭔지 하나도 모르겠어요."

"루이, 네가 처음 눈을 다쳤을 때는 어땠지? 모든 빛이 사라지고 어둠만 남았을 때 말이다. 그때는 얼마나 무섭고 혼란스러웠니? 지금보다 훨씬 더했지."

루이는 가만히 고개를 끄덕였다.

쿠브레이에서의 일들이 기억났다. 얼마나 많이 부딪치고 넘어지면서 익숙해졌는지. 루이는 한 걸음, 한 걸음 더듬으며, 지팡이를 짚어 집에서 쿠브레이 마을로, 성당과 학교로 그리고 파리까지 왔다. 세상이 온통 깜깜했지만 마음속의 빛이 꺼진 적은 없었다.

"아빠, 백 번 아니 천 번쯤 넘어지고, 그보다 몇 배 더 많이 부딪치면 이곳도 익숙해지겠죠? 그렇죠?"

아빠는 바람에 날려 헝클어진 루이의 머리를 쓰다듬었다.

"금방 씩씩해졌네. 루이, 이곳은 너처럼 앞을 보지 못하는 아이들이 90명이나 함께 살고, 공부하는 곳이란다. 친구들과 함께하다 보면 곧 좋아질 거야."

"네, 아빠."

아빠는 루이의 손을 잡고 새로 온 학생들을 맞이하는 사무실로 향했다. 루이는 새로운 삶을 시작하며 팔뤼 신부님이 해 준 말을 다시 한 번 떠올렸다.

'루이, 너는 반짝반짝 빛나는 길잡이별이 될 거야.'

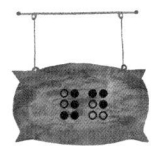

4. 빛 속으로 한 걸음

난생처음으로 가족과 떨어진 루이는 낡은 기숙사 건물에서 몸을 잔뜩 웅크리고 있었다. 센 강에서 불어오는 찬바람과 습기 때문에 감기에 걸려 기침도 났다. 루이의 마음도 몸과 함께 점점 움츠러들고 있었다.

맹아학교에는 루이처럼 앞을 보지 못하는 학생들 90명이 있었다. 그들은 기숙사에서 지내며 함께 생활했다. 5층짜리 건물에는 교실과 식당, 도서관, 휴게실, 작업장, 음악실 등 다양한 공간들이 있었다.

학교의 수많은 방, 복잡한 복도와 계단은 루이를 겁에 질리게 했다. 손으로 만지고 냄새 맡는 것으로 모든 것을 알 수 있었던 고향

집이 그리웠다. 사람들도 낯설어 쿠브레이와 사뭇 달랐다. 루이는 앞으로 8년을 이곳에서 생활해야 했다.

건물의 많은 공간을 익히는 동안 루이는 여러 번 길을 잃었다. 그럴 때마다 수없이 계단을 오르내리며 손과 발로, 온몸으로 공간을 익혀 나갔다. 그렇지만 친구들에게는 어떻게 먼저 다가서야 할지 몰랐다. 그때 한 친구가 먼저 말을 걸었다.

"루이, 안녕."

"안녕. 넌 누구니?"

"나는 가브리엘이야. 가브리엘 고티에."

"가브리엘, 반가워. 그런데 나를 아니?"

"루이, 너 역사 시간에 대답 잘하더라. 목소리도 멋지고."

"고마워."

"너 무지 똑똑한 거 같아! 지난 수업 내용도 몽땅 외우고, 난 외우는 데는 소질이 없어."

루이는 솔직하고 활달한 가브리엘이 마음에 들었다.

"나도 다 외우지는 못해."

"나는 음악이 제일 좋아. 오르간 연주자가 되고 싶어. 너는?"

"난, 아직은 뭐가 되고 싶은지 잘 모르겠어."

"루이, 넌 꼭 훌륭한 사람이 될 거야."

"가브리엘, 나 같은 애도 훌륭한 사람이 될 수 있을까?"

"그럼. 내가 장담해. 내 예감은 아주 잘 맞거든."

"하하하. 고마워!"

루이는 오랜만에 웃을 수 있었다. 학교가 조금 익숙해지고 친구

도 생기자 무섭고 외로웠던 마음도 한결 나아졌다. 점점 봄이 찾아오면서 추위가 누그러지는 것처럼.

루이의 생활은 아침부터 저녁까지 지리, 역사, 수학, 문법, 음악, 기술 등의 수업으로 꽉 차 있었다. 수업은 주로 말을 통해 이루어졌고, 수업 내용을 외우는 것이 가장 중요했다. 외우기라면 루이는 자신이 있었다. 수업을 함께하면서 친구들은 물론 선생님들도 루이가 무척 뛰어난 아이라는 것을 알게 되었다.

루이는 태어나 처음으로 읽기를 배웠다. 발랑탱 아우이가 만든 돋음 문자였다. 루이는 글을 읽고 쓸 수 있다는 말에 이 학교에 온 것이었다. 루이는 고향에서 아빠가 나무에 못을 박아 만들어 준 알파벳을 익혔지만 그 뒤 단어나 문장을 읽을 수 있는 방법은 없었다.

루이는 돋음 문자를 열심히 배웠다. 그런데 볼록하게 인쇄된 알파벳 하나하나를 손끝으로 만져야 하는 돋음 문자는 익숙해지기가 힘들었다. 그렇지만 루이는 처음 지팡이를 짚고 조심조심 끈질기게 주변을 익혔던 것처럼 돋음 문자를 손끝으로 만지고 또 만졌다.

"가브리엘, 가브리엘!"

루이가 들뜬 목소리로 친구를 불렀다.

"루이, 왜 그래? 어디 아파? 아니다, 아픈 목소리는 아니고 신나는 일이라도 생겼어?"

"응. 무지무지 신나는 일이 생겼어."

"뭐?"

"나 태어나서 처음으로 글을 읽었어!"

"난 또 무슨 큰일이라고."

"내 손으로 읽었다니까!"

루이는 불끈 주먹을 쥐며 큰소리로 말했다. 그리고 천천히 두 손을 두근대는 가슴에 대었다.

"성서를 읽었어."

"그래, 알았어. **축하한다. 축하해!**"

"오늘은 한 구절만 겨우 읽었지만 내일은 더 많이 읽을 거야."

"역시, 루이야. 나는 글자들이 너무 헷갈려서, 읽다가 포기했는데."

가브리엘이 체념하듯 말했다.

"더 많이 연습하고 집중하면 나아질 거야."

글을 읽기 시작했다는 것에 들뜬 루이는 친구에게 그리고 자신에게 다짐하듯 말했다.

루이는 바쁘게 하루를 보냈다. 습기 가득한 강바람도 쉴 새 없이 불어왔다. 하루를 마무리하며 침대에 누울 때면 쿠브레이의 따뜻한 햇살과 상쾌한 바람이 떠올랐다. 쿠브레이는 봄이 되면 꽃향기가 가득했다. 여름에는 풀 냄새, 가을이면 포도가 익어 가는 달달한 냄새. 그런데 이곳은 눅눅한 습기와 도시의 퀴퀴한 냄새뿐이었다.

"콜록콜록."

루이는 자주 감기에 걸렸고 기침을 했다. 기침은 잠들기 전이면 더 심해졌다.

"괜찮니? 감기가 심해지면 안 되는데. 열은 어때?"

가브리엘이 걱정해 주었다.

"참을 만해. 콜록."

"애들이 모두 감기에 걸려 기침 소리가 가득해!"

"나, 포도 먹고 싶어."

"포도?"

"응. 우리 집 포도 먹으면 기침이 잦아들 거야."

루이는 엄마랑 같이 마을 밖 포도밭에 가서 직접 포도를 따던 일이 떠올랐다. 잘 익은 포도는 루이도 금방 알 수 있었다. 달콤한 냄새에 손을 뻗으면 탱글탱글한 포도 알이 만져졌다. 루이가 포도를 따면 엄마는 들고 있던 바구니에 담았다. 엄마는 맛난 포도는 루이가 제일 잘 안다면서 칭찬을 아끼지 않았다. 루이가 따 온 포도를 떡갈나무 식탁에 둘러앉아 가족들과 웃으며 나눠 먹었다.

"가브리엘 너는 언제 행복했어?"

"나, 나는 별로 행복하지 않았어……. 가족들은 눈먼 나를 사랑하지 않았거든."

잠시 동안 가브리엘과 루이는 서로 말이 없었다.

"루이, 나는 오르간을 칠 때가 제일 좋고, 행복해. 그때는 내가 보이지 않는다는 생각조차 까먹어."

"나도 오르간 좋아해. 가브리엘, 네 연주 듣고 싶다."

학생들은 누구니 악기를 연주해야 했다. 교장 선생님은 빠듯한 학교 예산을 쪼개 바이올린, 첼로, 플루트 등 악기를 사고, 연주실을 마련했다. 그리고 파리 주변에 사는 전문 음악가들에게 수업을 부탁했다.

학교에서 이렇게 음악 교육을 중요시하는 이유가 있었다. 아이들이 학교를 졸업하고 고향으로 돌아가 연주자가 되도록 하기 위해서였다. 맹인들에게 성당의 오르간 연주자는 안정적이고 좋은 직업이었다.

음악과 함께 실생활에 필요한 기술 수업도 중요했다. 바구니 만들기, 등나무 의자 엮기, 슬리퍼 만들기 같은 기술을 배우는 수업이었다. 또 어촌에서 온 아이들은 어망 만드는 법, 배에서 쓰는 밧줄 만들기 등도 배웠다. 프랑스 어디에서나 쓰이는 짚과 골풀로 매트를 만드는 것은 꼭 배웠다.

음악 연주나 만들기 기술은 학생들이 학교를 졸업한 뒤 직업을 갖고 자립할 수 있는 밑받침이 되었다.

루이는 입학할 때부터 여러 가지로 뛰어났다. 문법, 역사, 지리, 수학 등을 잘해서 매년 상을 받았고, 첼로, 피아노 연주에서도 상을 받았다. 아빠의 솜씨를 닮아 만들기에서도 재능을 발휘했다.

루이는 돋음 문자로 된 책 읽는 걸 좋아하는 이폴리트와도 친해졌다.

"책 읽는 거 힘들지?"

"조금……. 그래도 책은 재미있어."

이폴리트가 말했다.

"나도, 힘들어. 그런데 꾹 참는 거야. 쿠브레이에서는 딱 하루만 아니 한 시간만이라도 책을 읽게 해 달라고 얼마나 빌었는데."

"그런데 솔직히 돋음 문자 책은 읽기 너무 힘들어. 'O'와 'Q'는 진짜 헷갈려."

돋음 문자 책은 일반 글자를 똑같이 사용하면서 다만 도드라지게 인쇄하는 것이기 때문에 손끝으로 그 글자들을 그대로 식별하는 데는 어려움이 있었다.

"그래도 책을 읽을 수 있다는 게 어디야?"

"기적 같지 뭐. 이 학교에 오기 전에는 불가능했던 일이니까."

"그렇지만 지금보다 더 쉽고 편하게 책을 읽을 수 있으면 좋겠어!"

돋음 문자는 철자 하나하나를 읽어 단어를 알고, 단어들을 연결해 문장을 이해해야 하기 때문에 한 페이지를 읽는 데도 시간이 오래 걸렸다. 그래서 돋음 문자를 배우지 못하는 학생들도 더러 있었다.

"책은 또 얼마나 무겁고? 무릎 위에 올려놓으면 다리가 아파."

돋음 문자로 된 책은 너무 무거웠다. 글자들을 도드라지게 새기면서도 잘 찢어지지 않아야 했다. 그래서 종이 한 장에 돋음 문자를 찍은 다음 또 한 장에 돋음 문자를 찍어 두 장을 바느질하여 맞붙이는 방법으로 책을 만들었기 때문이다. 비용도 많이 들었다. 그래서 꼭 읽어야 하는 종교적인 내용과 기술에 관련된 책이 많았고, 아이들이 좋아하는 책은 적었다.

"휴우, 누군가가 더 좋은 방법을 찾아내면 얼마나 좋을까!"

이폴리트가 깊은 숨을 내쉬며 말했다. 루이도 돋음 문자로 책을 읽는 게 기쁘면서도 늘 아쉬웠다. 돋음 문자는 눈먼 사람들이 글을 읽을 수 있는 유일한 방법이지만, 완전한 방법은 아니었다.

1821년, 루이가 맹아학교에 입학한 지 2년이 훌쩍 지나 열두 살이 되었다. 맹아학교는 친절하고, 신앙심이 두터운 르네 피니에를 새로운 교장 선생님으로 맞이했다. 그해 초여름, 학교에 손님이 찾아왔다. 포병대의 퇴임 장교인 샤를 바르비에였다.

바르비에는 호기심 많은 귀족으로 '문자는 인간의 모든 발명 중에 가장 큰 공헌'을 했다고 믿는 사람이었다. 젊은 시절 미국에서 아메리카 인디언들이 사용하는 문자에 많은 관심을 갖기도 했다.

바르비에는 암호에 관심을 기울였고, 연구 끝에 야간 문자를 만들었다. 군대에서는 밤에도 작전을 전달하기 위한 암호가 필요했다. 바르비에는 불을 켜지 않고도 읽거나 쓸 수 있는 암호가 있으면 적에게 들키지 않고 명령을 전달할 수 있다고 생각했다.

야간 문자는 도드라진 점으로 소리를 표기해 손끝으로 읽게 하는 문자다. 이 방법은 알파벳의 모양을 그대로 돌출되게 만들었던

돋음 문자와는 완전히 다른 방법이었다.

야간 문자는 한 칸에 세로 6점, 가로 2점으로 구성된 열두 개의 점을 사용했다. 이 열두 개의 점으로 각각 다른 점을 도드라지게 하여 단어의 소리를 표기했다.

바르비에는 야간 문자가 눈먼 사람들에게 도움이 될 것이라고 굳게 믿었다. 그래서 자신의 문자를 소개하기 위해 맹아학교를 방문한 것이었다.

"교장 선생님, 제가 만든 야간 문자를 소개하고 싶습니다. 여기 학생들에게 도움이 될 것입니다."

"그런 문자가 있습니까?"

바르비에는 야간 문자를 자세히 소개했다.

"우리 학생들은 지금 배우는 돋음 문자보다 더 익히기 쉽고, 읽기 쉬운 문자를 만나기를 기대하고 있었습니다."

"야간 문자가 바로 그렇습니다."

바르비에는 자부심에 차서 말했다.

"저도 야간 문자에 대해 기대가 큽니다. 우리 학생들이 써 보면서 장점을 찾아낼 겁니다."

"저는 확신합니다! 맹인 아이들이 기억력만 좋다면 말이죠."

교장 선생님은 '기억력'이라는 말에 미소를 지었다.

"우리 학교 학생들은 기억력이 뛰어납니다. 학생들이 가끔 소풍을 가는데요, 눈먼 아이들이 누구의 도움도 없이 자기들끼리 꽤 먼 곳에 있는 식물원까지 간답니다. 게다가 얼마나 빨리 식물원에 도착하는지 모릅니다."

"아이들끼리 식물원에 간다고요? 가서 무얼 하지요?"

바르비에는 궁금하다는 듯 물었다.

"보통 아이들이 그러는 것처럼 나무 사이를 뛰어다니며 놀지요!"

"어떻게 그럴 수가?"

"저도 놀라워요. 아이들은 짓궂게 나무를 흔들어 대기도 하고, 숨바꼭질도 합니다. 장난치고, 웃고, 소리 지르고, 제법 떠들썩하지요."

"정말입니까?"

바르비에가 놀라서 물었다.

"하하하. 못 믿으시겠죠? 다음 소풍 때 저와 함께 아이들을 뒤따라가 보시면 됩니다. 눈먼 사람들은 우리보다 더 특별한 기억력을 갖고 있습니다. 그들은 보지 못하는 대신 만지고, 듣고, 맛보고, 냄새 맡고, 느끼는 그 모든 걸 기억한답니다. 그러니까 기억력에 대해서는 걱정하지 마십시오."

바르비에는 교장 선생님이 야간 문자를 평가할 학생들을 뽑는 데 동의했다.

교장 선생님은 야간 문자로 만든 문서를 갖고 학생들 몇 명을 불렀다. 학업 성적도 뛰어나고, 적극적인 루이가 빠질 리 없었다.

"얘들아, 오늘은 특별한 일 때문에 모이라고 했어. 내 손에는 지금 종이 몇 장이 있어. 여러분들에게 나누어 줄 텐데, 이 종이는 여러분의 삶을 완전히 바꿔 줄지도 몰라!"

'삶을 바꿔 준다고? 어떻게?'

루이는 교장 선생님의 들뜬 목소리에 가슴이 떨리기 시작했다. 뭔가 좋은 예감이 들었다.

"내가 좀 흥분했지? 나도 떨려서 그래! 너희들을 위한 새로운 문자가 있기 때문에. 이 문자는 돋음 문자와는 전혀 다르게 설계되었고 실제 알파벳과는 상관없는 점으로 표현했어."

루이는 '새로운 문자'라는 말에 깜짝 놀랐다.

"소리를 점으로 표현한다고요?"

한 학생이 큰소리로 질문했다.

"그래, 도드라진 점. 내 생각에는 도드라진 작은 점은 너희들이 손끝으로 만져서 알기에 더 효과적일 거 같구나."

교장 선생님은 야간 문자에 대해 설명하며 종이를 나눠 주었다.

"자 이제, 얼마나 효과적인지는 너희들이 직접 알아내도록 하자."

기숙사 방으로 돌아온 루이는 야간 문자 점자를 수십 번 만지면서 외우고 또 외웠다.

"가브리엘, 가브리엘! 이리 와 봐."

"루이, 왜 그래?"

"손으로 이것 좀 만져 봐."

루이는 가브리엘의 손을 잡아 야간 문자 종이에 새겨진 점들을 만져 보게 했다.

"이게 뭐야? 뭔데 이렇게 오돌토돌해?"

"글자야. 우리가 읽을 수 있는 점으로 된 글자!"

"루이, 이 점들이 글자라고?"

"그래, 오돌토돌한 점들의 모양이 다른 건 알겠지?"

"그럼, 금방 알겠는데."

"가브리엘, 이 야간 문자를 만든 바르비에 씨는 정말 대단해. 어떻게 글자를 점으로 표현할 생각을 했지?"

"루이, 흥분 좀 가라앉히고 제대로 얘기해 봐. 너 교장실에 다녀오더니 이상해졌어."

루이는 조금 전에 있었던 일을 말해 주었다.

루이와 가브리엘뿐만 아니라 야간 문자에 대해 알게 된 학생들은 며칠 동안 새로운 문자에 열광했다.

읽기만 가능했던 돋음 문자에 비해, 야간 문자는 쓰기도 가능했다. 두툼한 종이와 볼록한 점을 만들 수 있는 송곳 비슷한 도구인 점필만 있으면 직접 점을 찍어 글자를 쓸 수 있었다.

"우와, 신기하다."

"이제 점필로 점을 찍으면 읽고 쓸 수 있어!"

"손끝으로 만지면 돋음 문자보다 구별이 쉽고 빨라."

아이들은 저마다 즐겁게 이야기했다.

이렇게 흥분에 찬 시간이 며칠 동안 이어진 다음 야간 문자를 더 사용해 보기로 했다. 이제 아이들이 야간 문자로 공부하고, 실생활에서도 쓸 수 있는지 알아보기로 한 것이다.

그런데 여기저기서 실망하는 소리들이 들렸다.

"이게 아니야!"

"처음 간단한 단어까지는 좋았는데, 그다음부터는 뭐가 뭔지 모르겠어."

루이는 곰곰이 생각해 보았다. 야간 문자가 점으로 문자를 표현하는 방법은 놀라운 생각이었다. 그런데 문제는 야간 문자가 원래 군대에서 '명령'이나 '공격' 같은 간단한 단어를 사용하기 위해 만들어졌다는 것이었다.

글은 간단한 단어가 아닌 문장으로 이루어진다. 그리고 문장 부호도 있어야 하고, 숫자나 기호도 표현해야 하는데, 야간 문자는 이것을 표현할 방법이 전혀 없었다.

"괜히 기대했잖아!"

"그럼 그렇지, 우리같이 눈먼 사람들이 읽을 수 있는 글자가 어디 있겠어?"

처음 기대가 지나치게 컸던 탓인지 루이를 비롯한 아이들의 실망도 그만큼 컸다.

또 한 가지 야간 문자의 가장 큰 문제는 너무 복잡하다는 것이었다. 세로 6점, 가로 2점으로 된 12점 점자가 프랑스 어의 다양한 발음을 나타내야 하는데 그것을 모두 외울 수가 없었다. 결국 루이도 다른 친구들과 비슷한 결론을 내렸다. 그런데 이상하게도 점 형태의 문자에는 마음이 끌렸다.

아이들이 교장실에 다시 모였다. 얼마 전 야간 문자가 새겨진 종이를 받아 들고 들뜬 마음으로 떠들던 아이들이었다.
　교장 선생님도 그동안 벌어졌던 모든 일을 알고 있었고, 아이들의 이야기도 모두 들었다. 결과적으로 바르비에의 야간 문자는 맹아학교에서 학생들이 사용할 수 없다는 결론이 났다.
　교장 선생님은 아이들을 돌아보며 말했다.

"이번 일로 여러분 스스로가 더 잘 알게 되었을 거다. 여러분에게 알맞은 문자가 왜 필요한지, 그리고 여러분에게 적합한 문자로 읽고 쓰는 게 얼마나 중요한지 말이다."

"네!"

루이는 간절하게 대답했다.

"루이, 네가 도서관에서 책을 읽을 때 어떤 느낌이지?"

"잃어버린 빛을 다시 찾는 것 같았어요."

"그래, 너희들이 손으로 글을 읽는 것은 세상을 보고 만나는 방법이야. 루이 말처럼 여러분이 갇힌 어둠을 밝히는 한 줄기 빛과 같은 거지."

한 아이가 푸욱 한숨을 쉬며 물었다.

"그럼, 우린 이제 어떡해요?"

"여러분, 우리는 야간 문자에 실망했어. 그래서 이제 어떻게 해야 할지 모르겠지?"

교장 선생님이 아이들 한 명 한 명을 둘러보며 이야기를 시작했다. 아이들의 낮은 울음소리가 들리기 시작했다.

"얘들아, 우리가 여기서 끝내면 그대로 실패하는 거야. 너희들 여기서 멈추고 싶니?"

"아니요."

"그래, 싫지? 그럼 끝난 게 아니니까 다시 시작해보자. 다시 시도한다면 실패가 아니야."

교장 선생님은 힘주어 말했다. 순간 숨소리조차 멈춘 듯 조용했다.

"우린 이제 다시 시작한 거야. 빛 속으로 한 걸음 발을 뗀 거라고."

"맞아요."

루이가 작은 소리로 말하자, 여기 저기 아이들이 점점 큰 목소리로 외쳤다.

"빛 속으로 한 걸음 더!"

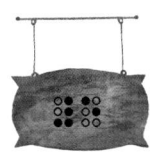

5. 여섯 개의 점

"루이, 또 새벽에 일어난 거니?"

가브리엘이 졸린 목소리로 물었다.

쐭, 쐭, 쐭.

"응. 미안, 시끄러워서 깼구나."

루이는 하던 일을 멈췄다.

"아니야. 매일 듣는 소린데 뭘."

얼마 전부터 루이는 새벽이나 늦은 밤에도 '쐭 쐭' 소리를 내며 점필을 종이에 찍는 일에 열중하고 있었다.

루이는 바르비에의 야간 문자를 잊을 수가 없었다. 야간 문자가 큰 결점을 갖고 있기는 하지만 점으로 되어 있다는 것만은 대단했다. 루이는 어떻게든 야간 문자의 결점을 보완하고 싶었다.

"루이, 얼마 있으면 여름 방학이야. 쿠브레이로 돌아가서도 그렇게 연구만 하겠구나?"

"응. 계속 연구해 보려고. 아직은 아무것도 모르겠지만 말이야."

"루이 브라유를 누가 말리겠어!"

"가브리엘, 방학은 좋은데 널 못 만나는 건 싫어."

"고맙다. 나는 요즘 네가 점필하고 두터운 종이 말고는 친구가 없는 줄 알았어."

루이는 대답 대신 싱긋 웃으며, 다시 '쐐 쐐' 소리를 내며 종이를 뚫었다. 가브리엘은 말은 이렇게 하지만 누구보다 더 루이를 응원하며 도와주었다.

기다리던 여름 방학이 되자 루이는 집으로 돌아왔다. 루이는 첫날부터 점필과 종이를 꺼내 엄마 아빠에게 야간 문자와 자신의 연구를 설명했다. 설명을 듣고 난 아빠는 루이를 칭찬했다.

"루이, 너는 마구를 만드는 장인 집안의 아들이야. 우리 집안은 대대로 손으로 물건을 만드는 일을 해 왔지. 너에게는 장인의 피가 흐르고 있어. 손으로 만드는 일이라면 뭐든 재주가 있지!"

"당연하죠. 그렇지만 루이는 겨우 열두 살이에요. 시간이 필요하다고요."

엄마가 말했다.

"나이가 문제가 아니야. 장인들도 처음부터 잘 만들지 않아. 한 가지에 집중해서 계속 다듬고 매만지면서 잘 만들게 되는 거야. 손과 시간이 장인을 만드는 거지. 나이가 문제 되지 않아."

아빠 이야기에 루이는 손을 앞으로 쭉 내밀어 보았다. 그리고 마

치 보이기라도 하는 것처럼 손을 이리저리 돌려 보고, 주먹을 쥐락펴락해 보았다.

"아빠, 제가 이 두 손으로 해낼 수 있을까요?"

"루이, 그건 걱정 마!"

이번에는 아빠보다 엄마가 먼저 기운차게 말했다.

"엄마는 너희 할아버지랑 아빠, 장인들 옆에서 평생을 살면서 보고 들었는데 그게 뭔 줄 아니?"

"글쎄요."

"손이 눈보다 정확하다는 거야."

루이의 얼굴에 환한 미소가 퍼졌다. 루이는 이때만큼은 부모님의 격려와 믿음 덕분에 아무 걱정이 없었다.

"루이, 그런데 앞으로 중요한 일을 해야 할 네 손이 너무 말랐어."

엄마가 루이의 손을 잡으며 말했다.

"루이, 장인에게 건강은 손만큼 중요하단다."

아빠도 걱정을 했다.

"네, 조심할게요. 운동도 많이 하고요. 집에 돌아와 엄마가 해 주는 음식을 먹게 되었으니 이제 살이 찔 거예요."

루이는 방학 동안 고향의 신선한 공기와 가족들의 품안에서 연구에 더 집중했다. 점필을 잡고 종이에 구멍을 뚫고, 만져 보며 하루를 보냈다. 어떤 날은 깊은 생각에 빠져 있기도 했다. 마을 사람들도 루이의 연구를 궁금하게 여겼다. 루이는 가족과 마을 사람들의 관심과 격려에 뿌듯한 마음이 차올랐다.

방학이 끝나고 루이는 학교로 돌아왔다. 열심히 수업을 들었고 숙제를 했다. 그리고 새벽이나 모두가 잠든 밤에 홀로 깨어 연구를 계속해 나갔다.

얼마 뒤에는 중요한 행사 준비로 바빴다. 피니에 교장 선생님이 발랑댕 아우이를 초대해서 음악회를 열기로 했기 때문이었다. 평생 동안 눈먼 사람들과 함께했던 사람을 만난다는 사실에 학교 전체가 들썩였다.

발랑탱 아우이가 없었더라면 이 학교는 없었을 것이다. 그리고 이제는 소중한 친구가 된 음악도 배우지 못하고 돋음 문자로 만든 책을 읽지도 못했을 것이다.

아우이는 오랫동안 프랑스를 떠나 세계 곳곳에서 활동하다 나이도 많고, 건강도 좋지 않아 파리에 돌아와 있었다. 이 행사를 위해 학생들은 교실과 강당을 깨끗이 청소하고 꾸미느라 며칠 동안 시끌벅적했다.

1821년 8월 어느 날, 아우이가 맹아학교 교문에 들어섰다. 학생들은 박수로 그를 맞이했다. 환영 행사에서 아이들은 그동안 배운 악기를 연주하고, 합창을 했다. 그리고 손으로 만든 실내화나 뜨개질도 전시했다.

아우이는 뿌듯한 하루를 보냈다. 돌아가며 학생들 한 명 한 명과

악수했다. 루이도 악수를 했다. 루이는 말로만 듣던 존경하는 사람의 손을 잡으며 감격했다. 아우이의 늙고 병든 손은 마르고 거칠었지만 아주 다정했다.

"선생님, 감사해요. 잊지 않겠습니다."

루이는 가슴 깊이 진심을 다해 말했다.

"고맙구나. 너도 행운을 빈다."

"네, 안녕히 가세요."

짧은 인사를 나눴지만 그 손이 낯설지 않았다. 루이는 악수를 나눴던 손을 다른 한 손으로 소중히 감쌌다. 평생 동안 눈먼 사람들을 위해 살았던 아우이가 빌어 준 행운과 소중한 만남을 깊이 간직하고 싶었다.

루이는 아우이를 만난 다음부터 점으로 된 문자를 연구하는 일에 더 열중했다. 몇 가지 생각을 정리해서 친구들과 열띤 토론을 벌였다. 가끔 교장 선생님을 찾아가 상의하기도 했다.

3년이 지나갔다. 열다섯 살 소년이 된 루이는 여전히 점으로 된 문자에 매달리면서 수업에 열중했다. 그동안 루이는 바르비에의 야간 문자를 좀 더 쉽게 사용하게 할 수 있는 아이디어를 생각했다. 그렇지만 야간 문자가 갖고 있던 근본적인 문제점은 여전했고, 문제는 쉽사리 풀리지 않았다.

"야간 문자는 점이 너무 많고, 복잡해!"

지친 루이는 절규하듯이 가브리엘에게 말했다.

"루이, 이제 야간 문자는 포기해. 프랑스 어처럼 복잡한 발음을 어떻게 점으로 표현해?"

"점을 좀 더 단순하고 쉽게 만들 수만 있다면……."

루이는 지친 듯이 길게 한숨을 쉬었다.

"야간 문자로 표현할 때 100개가 넘는 점을 찍어야 되잖아?"

가브리엘도 답답하다는 듯이 말했다.

"그래도 점으로 표현하는 방법은 우리처럼 손끝으로 읽기 위해서는 꼭 필요한 방법이야."

"루이, 네가 꿈꾸는 것처럼 우리가 읽고 쓸 수 있는 간단한 방법을 찾아내는 건 불가능할지도 몰라. 그렇지만 너는 지금까지도 굉장했어!"

가브리엘이 차분하게 말했다.

"그러니까 이제 그만두라고? 싫어, 나는 계속할 거야!"

루이가 자신에게 다짐이라도 하듯 큰 소리로 외쳤다.

"루이, 너 요즘에는 잠도 잘 못 자고, 먹지도 못하잖아. 기침도 심해졌고. 그러다가 큰일 나!"

가브리엘이 걱정하며 말했다.

"가브리엘, 나는 포기할 수 없어. 점이 너무 많아 복잡하면 점을 줄이고. 소리를 나타내기 때문에 점이 많아지면 소리가 아닌 철자를 나타낼 거야!"

"너는 정말 포기할 줄 모르는구나. 참 대단해······."

루이는 그때 조금 전에 자신이 했던 말에 집중하고 있었다.

'소리를 점으로 나타내는 대신 알파벳을 나타내면 돼!'

'열두 개의 점을 여섯 개의 점으로 줄이고!'

드디어 실마리가 풀리는 순간이었다.

"오, 세상에! 바로 이거였어!

루이는 온몸이 떨렸다. 곧바로 종이와 점필을 찾았다.

1824년, 루이는 3년 동안 끊임없이 생각하고, 점필로 수없이 많은 구멍을 뚫으며 연구했던 야간 문자의 문제점을 해결하고, 새로운 점자를 만들기 시작했다.

루이의 결론은 여섯 개의 점이었다.

마침내 세로 3점, 가로 2점으로 된 브라유 셀이 만들어졌다. 셀에는 번호를 매기고 어느 번호 자리의 점을 도드라지게 하느냐에 따라 각기 다른 글자를 나타내도록 했다.

6점 모양 브라유 셀(Cell)

루이는 스물여섯 개의 알파벳을 표현하기 위해 모양이 다른 스물여섯 종류의 점 형태를 만들어 보기 시작했다.

1번 점을 도드라지게 하면 A를, 1, 2번 점을 도드라지게 하면 B를, C는 1, 4번을……. 이런 방식으로 알파벳 처음 열 글자 A부터 J까지를 표기했다.

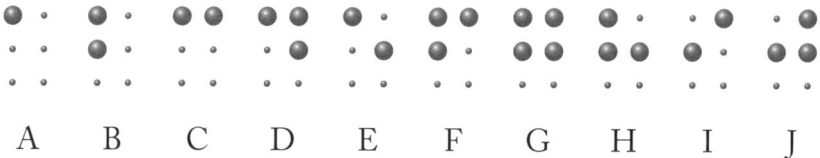

그리고 K부터 T까지는 알파벳 처음 열 글자에 3번 점을 더하여 표기했다.

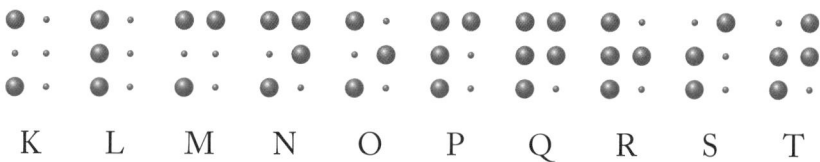

그리고 마지막으로 U, V, X, Y, Z는 3번 점과 6번 점을 더하여 표기했다. W는 나중에 표기법을 덧붙였다.

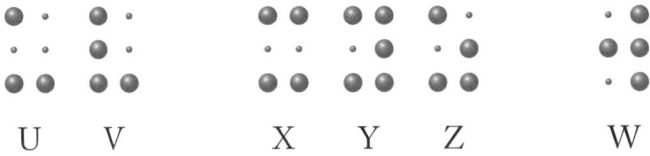

이렇게 포기하지 않는 끈기와 끝없는 노력 끝에 여섯 개의 점으로 모든 문제가 해결되었다. 루이 브라유의 기본 점자가 완성된 것이다.

점자는 읽는 것만큼이나 쓰는 것도 쉬웠다. 점필과 점판만 있으면 두꺼운 종이에 간단하게 쓸 수 있었다. 점필은 끝이 뾰족한 쇠로 종이를 눌러 튀어 나오게 하는 도구이다. 점을 찍을 수 있도록 구멍이 뚫린 점판에 종이를 끼운 다음 오른쪽에서 왼쪽 방향으로 점을 찍어 나가면 된다. 읽을 때는 종이를 뒤집어서 볼록하게 튀어나온 점을 왼쪽에서 오른쪽으로 읽는다. 루이는 점자를 쓰고 읽는 방법을 친한 친구들에게 알려줬다.

"우와, 정말 간단하네. 무척 쉬워!"

"점이 작아서 손끝을 대기만 해도 만져져."

"점이 여러 형태지만 구별하기도 쉬워."

루이가 만든 점자를 만져 보고 설명을 들은 아이들이 말했다.

점자는 학교에서 가장 큰 화제가 되었다.

"루이 브라유가 만든 점자 이야기 들었니?"

"응. 점자 알파벳 말이지? 스물여섯 개 다른 점자 모양이 알파벳을 나타낸다면서?"

"3년 동안 쉴 새 없이 종이를 뚫어 대더니 정말 대단한 걸 만들어 냈어."

"너도 써 봤어?"

"그럼, 난 이제 점자로 글도 쓸 거야."

"글을 쓴다고? 그게 가능해?"

"그럼, 난 어제 태어나서 처음으로 일기를 썼어. 루이가 만든 점자 알파벳을 점필로 쓰면 되거든."

"우와, 그럼 이제부터 편지도 직접 쓸 수 있다는 거야?"

"응."

"그럼 나도 빨리 점자를 가르쳐 줘."

점자는 금방 온 학교로 퍼졌다.

루이는 피니에 교장 선생님에게도 점자에 대해 설명하고, 직접 점자를 찍고 읽는 모습을 보여 주었다.

"루이, 네가 해냈구나! 새로운 문자를 만들었어."

"감사합니다."

"이제, 맹인들을 위한 문자가 생긴 거야. 네가 앞을 보지 못하는 사람들에게 지식의 문을 열어 준 거야!"

교장 선생님은 학교에서 점자를 시험적으로 가르치기로 했다. 학교에서 점자가 쓰이기 시작하자 여러 가지 놀랄 만한 일들이 일어났다. 선생님들은 학생들에게 전달할 일을 메모해 점자로 만들어 나누어 주었다. 그 이전에는 말로 몇 번이고 되풀이하며, 잊지 말라고 당부하던 일이었다.

그리고 학생들에게 쓰기 숙제를 내 줄 수도 있었다. 학생들은 일기를 쓰기도 하고 시를 쓰기도 했다. 예전 같으면 아예 해 보려고 하지도 않던 일들이 가능해진 것이었다.

루이와 단짝인 가브리엘과 이폴리트도 자신의 일처럼 기뻐하며 축하해 주었다. 루이는 아빠와 엄마에게도 소식을 알리고 싶었지만 방학 때끼지는 기디려야 했디.

"아빠, 엄마. 내가 점자를 만들었어요. 이 손으로요!"

루이는 손을 내밀고 엄마 아빠를 생각하며 소리쳤다.

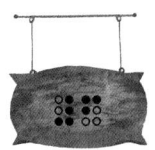

6. 빛을 선물하다

1828년 여름, 루이는 맹아학교를 졸업했다. 피니에 교장 선생님은 루이에게 견습교사가 되면 어떻겠냐고 했다. 루이는 그 제안을 기쁘게 받아들였다. 점자를 알리고 계속 연구해야 하는 루이에게 맹아학교의 교사는 좋은 직업이었다. 친구인 가브리엘과 이폴리트도 함께 선생님이 되었기 때문에 더할 나위 없이 좋았다.

선생님이 된 루이는 기숙사를 떠나 혼자 방을 쓰게 되었다.

"가브리엘, 이제 너랑 다른 방에서 지내면 허전해서 어떡하지?"

"그것 봐! 루이, 내 잔소리가 그리울 때도 있지?"

"하하, 그러게 말이야."

"루이, 내가 없다고 밤새도록 점자 연구만 하면 안 돼!"

"요즘은 수업 준비하느라 바빠. 문법, 지리, 역사, 읽기, 산술까지 과목도 많고 말이야. 그래서 수업 내용을 점자로 찍고 있어. 점자 교안을 만들어 수업하니까 잊어버리는 일이 없어서 좋아."

"그래서 네 인기가 그렇게 높구나. 루이 선생님 수업이 최고라고 소문이 자자해."

"지난번 역사 수업 때 생각이 나지 않아 한참 더듬거리다가 얼버무리고 말았어. 얼마나 부끄럽든지……. 그래서 점자를 찍어 교안을 만들기 시작했어."

"좋은 방법이기는 한데 수업마다 점자를 찍는 게 너무 힘들지 않아? 넌 건강도 좋지 않잖아?"

사브리엘은 늘 심상치 않은 기침을 달고 사는 루이를 걱정했다.

"걱정하지 마. 나는 요즘 학생들을 만나고 수업을 하면 없던 힘도 솟는 것 같아."

"그렇겠지. 점자가 있으니까."

"우리가 입학하던 때 생각나니?"

"응. 모든 것이 낯설고 학교는 너무 춥고 눅눅해서 고향에 있는 가족 생각만 했었지."

"우린 어린 나이에 너무 많이 절망했었어."

"그래도 이제 희망을 갖게 되었잖아. 네가 만든 점자가 있으니까 이 아이들은 더 잘 해낼 거야!"

점자를 만들기 시작했던 열두 살, 루이의 꿈은 책을 읽는 것이었다. 자신뿐만 아니라 눈먼 아이들 모두가 책을 읽을 수 있기를 바랐다. 책을 읽으면 지식을 배우고 미래를 꿈꾸며 살아갈 수 있다고 생각했다.

루이가 점자를 만든 뒤 몇 년이 지났다. 루이는 기본적인 틀이 완성된 점자에 대한 연구를 게을리하지 않았다. 더 나은 방법을 찾아 수정하고 개선하는 과정을 거치고 있었다. 맹아학교 학생들은 점자를 활발하게 사용하고 있었다. 그러나 점자는 맹아학교에서 공식적으로 사용하도록 인정받지는 못했다. 아직은 시험적으로 사용될 뿐이었다.

프랑스 정부에서 인정한 맹아학교의 공식적인 문자는 돋음 문자였다. 도서관에 있는 책들도 돋음 문자로 만들어진 것이었다.

피니에 교장 선생님은 점자를 공식 문자로 채택하기 위해 노력했다. 정부 담당자에게 편지를 쓰거나 만나서 설득했다. 맹아학교를 후원하는 사람들을 만나, 점자로 된 책을 만들 수 있는 후원을 부탁했다. 그러나 정부 담당자도 후원자도 점자를 부정적으로 생각했다. 그들은 이미 공식적인 문자가 있는데 굳이 새로운 문자를 써서 복잡해지는 것을 원하지 않았다. 맹아학교 아이들이 글을 배우는 것은 정부 관리들에게 직접적으로 관련이 있는 일은 아니었다. 게다가 많은 돈을 들여 만든 돋음 문자 책을 사용하지 못하게 되는 것은 커다란 문제였다. 또 새로운 점자로 책을 만드는 비용도 부담이었다.

루이는 점자를 맹아학교의 공식적인 문자로 만들기 위한 노력을 계속하며, 1829년에는 책을 펴내기도 했다. 『루이 브라유가 창안하고, 시각장애인들이 점을 이용하여 문자를 기록하는 방법』이라는 책이있다. 그렇지만 브라유의 노력에도 점자는 공식 문자로 인정받지 못했다.

실망한 루이는 몸도 마음도 지쳐 고향집으로 돌아갔다. 6월 어느 날이었다. 마당에는 백합이 피었고, 막 피어나기 시작한 장미가 향기로웠다. 상큼한 풀 내음도 가득했다.

"루이 선생님이 돌아왔네!"

"네, 엠마 아줌마. 잘 지내시죠?"

"내 목소리 잊지 않았네."

"그럼요. 엠마 아줌마 목소리가 얼마나 고운데요. 목소리보다 마음씨는 더 좋고요."

루이가 어릴 때 늘 맛있는 빵을 주던 엠마 아줌마였다.

"고맙기도 해라. 루이 선생님도 훨씬 더 멋있어졌어."

"감사합니다."

친절한 고향 사람들과 이야기를 나누는 건 언제나 기분이 좋았다. 고향의 품은 언제나 루이의 지친 마음을 달래 주었다.

며칠 뒤 루이는 어머니와 함께 마을 광장을 지나 언덕 위 포도밭으로 갔다.

"어머니, 올해 포도 농사는 어때요?"

"응, 날씨가 따듯해지니까 넝쿨도 잘 뻗고, 포도 알도 많아졌어."

"여름 내내 무럭무럭 자라겠네요."

"루이, 걱정 마. 너도 네 글자도 포도 넝쿨처럼 잘 성장할 거야."

어머니는 루이가 별말을 하지 않았어도, 루이의 걱정과 고통을 훤히 알고 있었다.

"올해도 포도가 꿀맛이겠네요. 좋은 와인도 만들 수 있고요."

"그럼, 포도나무도 네 발소리, 목소리를 듣고 더 맛있어질걸."

루이는 어머니의 말에 잠깐이나마 걱정이 모두 사라지는 것 같았다. 루이는 마을 이곳저곳을 산책하고, 어머니와 함께 포도밭을 오갔다. 비가 오거나 바람 부는 날에는 성당에서 오르간을 쳤다. 평화롭고 행복한 시간을 보내고 기운을 차려 학교로 돌아왔다.

1831년 5월, 루이에게 아버지가 위독하다는 소식이 전해졌다. 루이는 서둘러 쿠브레이로 돌아갔다.

"아버지, 저 루이예요."

루이는 신음소리를 내는 아버지 곁으로 갔다.

"너는 좋은 선생님이 될 거야. 건강 조심해야 한다."

아버지는 아들을 걱정하며 숨을 거두었다.

루이는 아버지를 잃은 슬픔으로 온몸의 기운이 모두 빠져나간 것 같았다. 그 뒤에는 오랫동안 쌓였던 피로가 파도처럼 덮쳐 와 루이는 며칠 동안 침대에서 일어나지 못했다. 그렇지 않아도 좋지 않았던 건강은 더욱 나빠졌다. 사실은 오래전부터 몸이 이상했다. 기침도 심해지고 가슴도 아프고 열이 났다. 몸은 점점 말라 가고 있었다.

루이는 며칠 만에 겨우 몸을 일으켜 천천히 마구점으로 갔다. 아버지의 망치질 소리가 멈춘 작업장은 조용했고, 가죽 냄새만 가득했다. 루이는 작업대 근처로 간 다음 손을 더듬어 의자를 찾아냈다. 아버지가 써 오던 오래된 의자였다. 긴 가죽 끈을 십자로 엮어 좌판을 만들고, 등받이는 떡갈나무로 만들어 아직도 튼튼했다. 루이는 그 의자에 가만히 앉아 보았다. 수십 년 동안 아버지가 앉아 일하던 땀과 체취가 그대로 느껴지는 의자였다. 아버지의 목소리

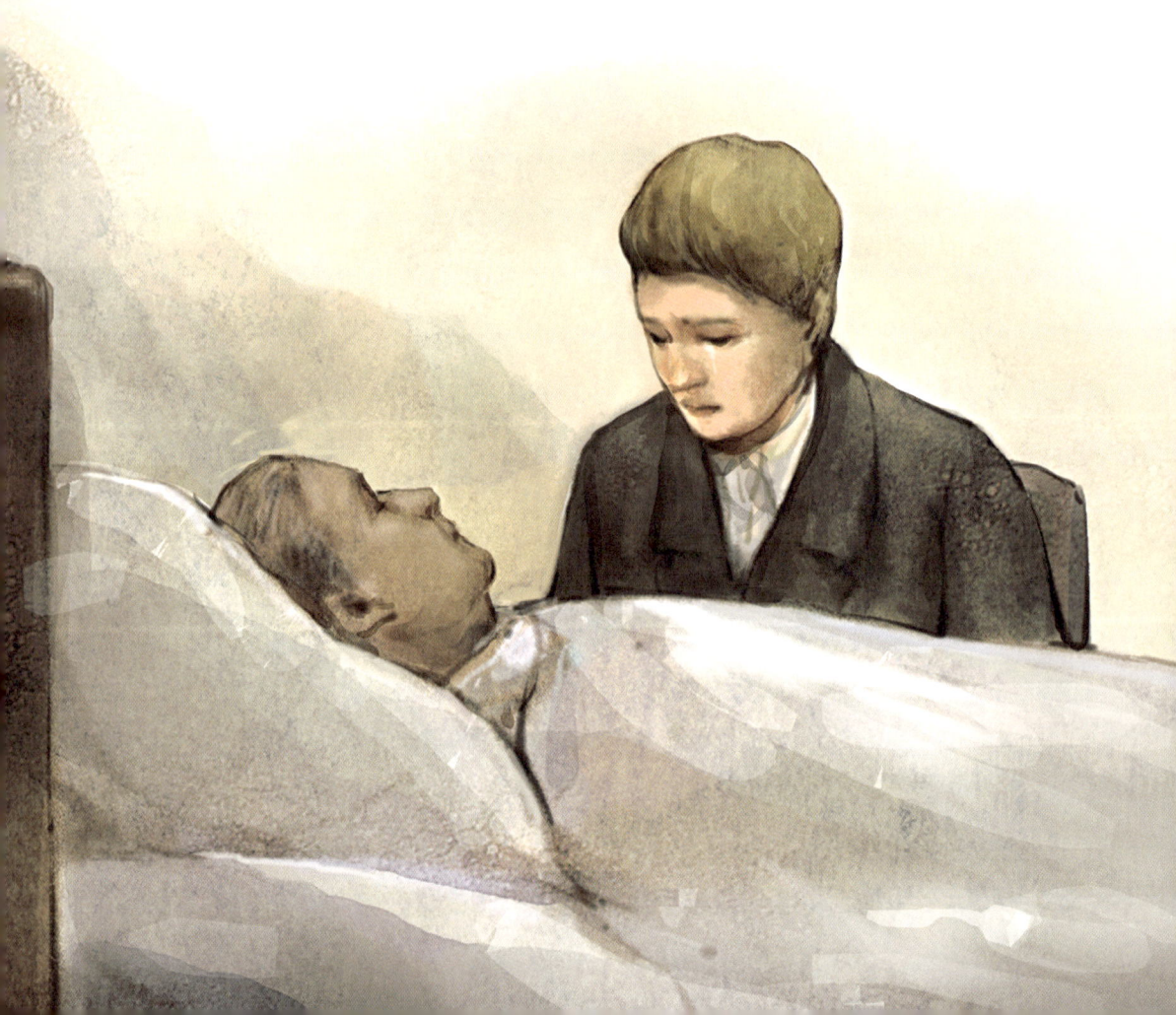

도 들리는 듯했다.

"루이, 너는 용기 있는 사람이다. 끝까지 포기하지 마라!"

어머니는 오랜 세월 동안 사랑하고 의지했던 남편을 떠나보내고 슬픔에 무너지듯 주저앉았다. 그렇지만 장례를 치르고, 루이의 건강이 더 나빠지자 어머니는 루이를 걱정하며 일어섰다. 그리고 남은 가족들을 위해 어떻게든 슬픔을 견뎌 내겠다고 다짐했다. 가족들은 서로 위로하며 루이가 건강을 되찾을 수 있도록 애썼다.

다행히 루이는 건강이 나아져서 학교로 돌아왔다. 그리고 이전처럼 점자를 찍으며 수업을 준비하고, 학생들을 가르치며 점자를 연구했다.

1832년에 루이는 몇 년의 노력 끝에 점자로 숫자를 기록하는 방법도 고안했다. 먼저, 점자의 3, 4, 5, 6번 점을 도드라지게 하여 숫자 표시인 수표로 삼았다. 그리고 그 수표를 A부터 J까지 알파벳 열 글자 앞에 위치시켜 사용하도록 했다. 숫자 표시인 수표를 표기하고 점자 A를 나란히 표기하면 1이 되고, 수표 옆에 B를 표기하면 2가 되었다.

수표	1	2	3	4	5

6	7	8	9	10	소수점

그리고 '+, -, x, ='같은 수학의 연산 부호도 만들고, 문장 부호를 나타낼 수 있는 점자도 고안했다.

루이는 1833년에는 정식 교사로 승진하였다. 그동안 교장 선생님은 점자를 공식 문자로 채택하기 위해 계속 노력했다. 그러나 점자는 맹아학교에서 돋음 문자를 대신하는 공식적인 교습 방법이 될 수는 없다고 결론이 내려졌다.

루이는 점자가 자리 잡지 못하는 것이 무척 속상했다. 루이는 이럴 때면 오르간을 연주했다. 음악은 언제나 위로가 되었다.

루이는 어릴 때부터 음악적 재능이 뛰어났다. 학생 때는 첼로 독주로 최고상을 받기도 했고, 오르간 연주는 학교 안팎에서 유명했다. 어디서든 루이가 오르간을 연주하면 사람들이 모여들었다. 루이의 연주가 끝나자 한 학생이 물었다.

"선생님은 노트르담 성당에서도 연주하셨죠? 어떠셨어요?"

"좋은 오르간이라서 연주하는 동안 행복했지."

"선생님, 저도 선생님처럼 노트르담에서 오르간을 연주하고 싶어요."

"지금처럼 열심히 하면 너도 연주할 수 있을 거야."

"그런데 음악을 배우는 게 너무 힘들어요. 다른 사람 연주를 듣고 몽땅 외워야 하잖아요."

"그래, 악보를 볼 수 없으니까. 연주를 하려면 암기 실력도 필요하고, 연주 실력도 좋아야지."

"악보를 읽을 수 있으면 더 좋겠어요."

"시각장애인들 모두가 그렇게 바라고 있지."

"선생님이 점자로 읽을 수 있는 악보를 만들어 주세요."

"아직은 연구 중이야."

"기다릴게요."

루이는 학생들의 간절함을 잘 알고 있었다.

그런데 손가락으로 읽는 악보를 만드는 것은 무척 어려운 일이

었다. 손가락으로 연주를 하면서 악보를 읽는 데도 손가락을 사용해야만 하기 때문이다.

1834년, 루이는 몇 년 동안의 연구로 점자 악보를 만들었다. 점자 악보는 다양한 기호들이 체계적으로 구성되어 음악의 여러 요소들을 점자로 표현한다. 음악 점자는 수평적으로 옆으로, 왼쪽에서 오른쪽으로 구성한다. 점자 알파벳 D부터 J까지 활용해 점자 음표의 기본형인 8분음표를 나타낸다. 또한 점형을 변화시켜 4분음표, 2분음표, 온음표 등을 나타내도록 했다. 쉼표, 길표, 박자 등과 스타카토, 악센트 등도 표현할 수 있도록 했다. 점자 악보는 만들어지자마자 곧바로 채택되었다.

점자 악보 덕분에 눈먼 음악가들이 악보를 손으로 읽는 것이 가능해졌다. 루이는 눈먼 사람들에게 음악이라는 위대한 선물을 한 것이다.

루이는 피니에 교장 선생님과 함께 여러 모임에 참석하기도 했다. 그때마다 악기 연주를 요청받았다. 루이는 교장 선생님과 함께하는 것이 기뻤다. 교장 선생님은 루이를 계속 격려하며, 점자가 채택되도록 노력하고 있었다. 그런데 스물다섯 살의 청년인 루이의 건강이 좋지 않았다.

"루이, 요즘 건강은 어떤가?"

"그만그만합니다."

"그동안 너무 과로했어. 이제 점자도 완성되었고, 점자 악보까지 만들었어. 자네한테는 휴식이 필요해."

"네, 요즘에는 많이 쉬고 있어요. 점자는 아직 공식적으로 쓰이지도 못하고 있지만……."

"걱정하지 말게. 사람들도 곧 알게 될 거야. 자네가 만든 게 얼마나 위대한 작업이었는지 말이야."

"정말 그럴까요?"

"그럼, 우리 학생들이 루이 선생님의 선물을 얼마나 기뻐하고 있는데."

"제 선물이요?"

"그래, 자네는 앞을 보지 못하는 모든 사람들에게 선물을 한 거야. 한 줄기 빛과 같은 귀한 선물 말이야. 그리고 그 선물은 그들의 친구와 가족 모두에게도 소중하다네."

"칭찬, 감사합니다."

루이는 핏기 없는 얼굴로 오랜만에 환하게 웃었다.

"루이, 의사의 진단을 받아 보는 게 좋겠어."

교장 선생님은 병색이 짙은 루이의 모습을 보며 말했다.

"예, 그렇게 하겠습니다."

루이도 자신의 건강이 점점 나빠지는 것을 알고 있었다. 늘 피로했고, 열이 났다. 그리고 어렸을 때부터 자주 그랬던 것처럼 기침이 시작되었다. 온몸이 떨리며 식은땀을 흘렸다. 기침이 심해지면 피를 토하기도 했다. 루이는 의사의 진단을 받았다.

"폐에 문제가 있군요. 알고 있었죠?"

"네."

"걱정했던 것처럼 결핵이군요."

"휴우……."

루이는 한숨을 깊게 내쉬었다. 자신의 건강 문제를 어렴풋이 짐작하고 있었지만 폐결핵 진단을 받으니 발밑의 땅이 꺼지는 것 같았다. 당시 결핵은 수많은 사람들의 목숨을 앗아 가는 무서운 병이었다.

"선생님, 저는 이제 어떻게 되는 겁니까?"

"공기가 좋은 곳에서 잘 먹고, 푹 쉬어야만 합니다."

"나을 수 있을까요?"

의사는 대답을 하지 않았다.

루이는 절망 때문에 몸을 가누기가 어려웠다. 루이는 겨우 스물여섯 살이었다.

"먼저, 학교를 쉬세요. 지금은 그것보다 더 중요한 일은 없습니다."

의사는 다른 치료법이 없다는 듯이 휴식을 권유했다. 루이는 의사 권유를 받아들였다. 자신의 몸을 잘 돌보지 못한 결과였다. 차가운 습기가 가득한 맹아학교에 살면서, 영양이 부족한 음식을 먹으며, 점자를 만들고 학생들을 가르치고, 또 점자를 연구하느라 계속 과로한 탓이었다.

루이는 긴 휴가를 얻어 쿠브레이로 향했다. 당시 결핵은 특별한 치료법이 없었다. 잘 먹고 쉬는 것이 유일한 방법이었다.

쿠브레이로 돌아온 루이는 의사의 지시대로 충분히 쉬었다. 그동안의 피로감 때문인지 날마다 긴 시간 동안 잠에 빠졌다. 가족들은 루이를 염려해 영양가 높은 음식을 만들었다. 쿠브레이의 따스한 햇살과 신선한 공기는 루이가 건강을 회복하는 데 도움을 주었다. 루이는 조금씩 건강을 되찾아 갔다.

완전히 낫지는 않았지만 젊은 루이는 그런대로 건강을 회복해

맹아학교로 돌아왔다. 루이는 학생들을 가르치고 친구들과 음악을 연주하며 지내는 일상이 무척이나 소중하게 여겨졌다. 그가 만든 점자는 아직도 공식적인 문자는 아니었지만 학생들이 활발하게 사용하고 있었다.

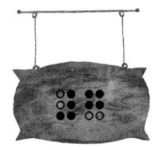

7. 머나먼 길

1840년, 맹아학교에 큰 변화가 생겼다. 피니에 교장 선생님이 학교를 그만두게 된 것이다. 루이는 가브리엘, 이폴리트와 함께 교장실을 찾았다.

"정말 그만두시는 거예요?"

"나도 자네들과 함께 더 일하고 싶은데 그렇게 되었다네."

피니에 교장 선생님은 짐을 정리하며 말했다.

"학교를 그만두시면 안 됩니다."

루이가 침울하게 말했다.

"정치가들은 내가 아닌 새로운 교장을 원해."

"후임으로 뒤포 선생님이 오신다면서요. 전 그분을 존경할 수 없습니다!"

가브리엘은 목소리를 높였다.

"그러지 말게. 우리 학교를 계속 운영하려면 정치가들과 새로운 교장의 뜻에 따라야 해."

피니에 교장 선생님은 이제 어엿한 선생님이 된 제자들을 둘러보았다. 루이의 얼굴은 한층 더 야위어 보였다.

교장 선생님은 루이가 점자를 만들 때부터 격려해 주고, 조언을 아끼지 않았던 분이었다. 점자가 완성된 뒤에 학교 수업에서 사용하도록 하고, 공식적인 문자로 만들기 위해 끊임없이 노력한 사람이었다. 루이의 실망은 말할 수 없이 컸다.

"루이, 무엇보다 건강해야 하네. 그래야 자네의 점자를 지킬 수 있어."

"저희가 루이를 힘껏 돕겠습니다."

이폴리트가 말했다.

"그래 주게. 부탁하네! 나도 학교를 떠나지만 힘을 보태겠네. 이 학교에서 루이가 만든 점자가 공식적으로 사용되도록 말이야."

루이는 스승과 친구들의 변함없는 지지로 겨우 힘을 냈다.

새로 온 뒤포 교장 선생님은 자신의 방식대로 학교를 운영하기 시작했다. 전임 교장 선생님과 루이의 점자를 못마땅하게 여겼다. 그는 돋음 문자를 개선하기를 원했다. 뒤포 교장 선생님은 시각장애인도 눈이 보이는 사람들이 쓰는 알파벳과 비슷한 형태의 글을 읽고 써야 한다고 믿는 사람이었다.

뒤포 교장 선생님은 점자 사용을 금지할 게 분명했다. 루이는 걱정이 점점 쌓여 갔고 건강은 더 나빠지고 있었다.

루이의 걱정대로 뒤포 교장 선생님은 점자를 사용할 수 없도록 조치를 내리기 시작했다.

"브라유 점자책을 제작하지 마시오!"

그뿐만이 아니었다. 학교 도서관에 있던 돋음 문자와 점자로 만들어진 책을 모두 불태우도록 지시했다.

"이 학교의 어느 교실에서든 점자를 읽고 쓰는 것을 모두 금지합니다."

뒤포 교장 선생님은 선생님들을 모아 놓고 말했다.

"그렇지만 학생들이 워낙 많이 사용해서……."

선생님들이 말했다.

"그런 학생들에게는 벌을 주세요. 내 규칙에 따르지 않는 사람은 이 학교에 있을 자격이 없소!"

뒤포 교장 선생님이 점자 사용을 금지했다는 소식이 전해지자 학생들은 몹시 불만스러워했다.

"도대체 무엇 때문에 점자를 쓰지 말라는 거야?"

"몰라! 교장 선생님은 점자를 싫어해."

"우린 앞으로 어떻게 글을 읽고 쓰지?"

시간이 지날수록 점자 사용을 금지하는 조치가 심해졌다. 학생들이 기숙사에 갖고 있던 점자로 만든 책을 압수하고, 점자를 찍는 점필도 보이는 대로 빼앗았다.

학생들의 불만은 점점 커졌다.

"이제 점자는 절대 사용할 수 없는 거야?"

"그래."

"말도 안 돼!"

"손끝으로 읽는 점자를 대신할 수 있는 건 없어. 점자를 포기하는 건 읽고 쓰는 걸 영원히 그만두는 것과 같아."

"그럴 수는 없어!"

"교장 선생님이 빼앗아 간 점자책을 다시 만들자."

"점필도 모두 빼앗겨서 없는데 어떻게 점자를 찍어?"

"점필이 없으면 연필이나 못으로도 점자를 찍을 수 있어."

"그래, 맞아!"

"뜨개바늘을 점필처럼 사용해도 괜찮아."

학생들은 수업이 끝난 뒤 선생님들이 없는 교실이나 기숙사에서 소곤댔다.

상급생 몇몇은 점자를 완전히 배우지 못한 신입생들에게 몰래 점자를 가르치기도 했다.

"점자를 가르치다 들키면 어떻게 해?"

"까짓것, 벌을 받으면 되지 뭐."

"그래, 벌을 받는 게 점자를 잊어버리는 것보다는 나아."

루이는 아이들이 점자를 지키려고 애쓰는 모습이 안타깝기만 했다. 학교를 운영하는 모든 권한을 갖고 있는 교장 선생님에게 대항할 수 있는 힘이 루이에게는 없었다. 답답한 마음으로 친구에게 하소연하는 게 전부였다.

"이폴리트, 나는 평생 동안 앞 못 보는 모든 사람들을 위해 일하는 게 내 임무라고 생각했어. 나 혼자만을 위해 점자를 만든 게 아니라고."

"알고 있어, 루이."

"그런데 왜 이런 일이 일어나는 걸까?"

"교장 선생님도 언젠가는 우리에게 점자가 꼭 필요하다는 것을 알게 될 거야."

"이폴리트. 나는 점자를 통해 눈먼 사람들이 책을 읽고, 지식과 지혜를 배우고 미래를 꿈 꾼 용기를 갖게 하고 싶었어."

"알아! 그러니까 학생들이 점자를 포기하지 않는 거야. 루이, 힘내! 네 점자는 곧 다시 쓰이게 될 거야."

"그렇게만 된다면……."

루이는 가슴 깊은 곳에 통증을 느끼며 간신히 대답했다. 루이는 그 통증이 자신의 건강과 점자의 불길한 미래 같기도 해서 더욱 불안하고 고통스러웠다.

얼마 지나지 않아 친구들의 말은 현실이 되었다.

조제프 과데라는 사람이 뒤포 교장 선생님의 새로운 비서로 오면서부터였다. 과데는 맹아학교에서 일어나는 일에 관심이 많았다.

과데는 학교에 온 지 며칠 지나지 않아 점자에 대해 알게 되었다. 교장 선생님이 사용을 금지했는데도 학생들은 점자를 지지하고 사용하는 것을 멈추지 않았기 때문이었다.

과데는 관심을 갖고 좀 더 지켜보며 점자가 돋음 문자보다 훨씬 장점이 많다는 것을 알게 되었다.

'점자를 사용하는 것은 누구도 막을 수 없는 일이구나!'

과데는 이 사실을 깨닫고 교장 선생님을 설득하기 시작했다.

시간이 좀 더 흐르자 교장 선생님은 과데의 이야기를 들으며 자신의 실수를 깨달았다. 그리고 이 일을 어떻게 되돌릴 수 있을지 고민하기 시작했다.

1844년, 맹아학교는 춥고 눅눅하던 낡은 건물을 떠나 새 건물로 옮기게 되었다. 교장 선생님은 새 학교의 강당에서 완공식을 진행했다. 이 행사에는 많은 사람들이 참석했다. 뒤포 교장 선생님은 이 자리에서 브라유 점자를 소개했다.

"여러분, 브라유 점자가 얼마나 우수한지 직접 확인할 수 있는 기회를 드리겠습니다. 저희가 학생들과 함께 시연회를 통해 보여 드리려고 합니다."

교장 선생님의 연설이 끝나자 과데가 무대로 나서서 시연회를 시작했다.

"잔, 앞으로 나와 주겠니."

이름이 불린 소녀는 무대로 나왔다. 눈먼 소녀는 무대에 놓여 있는 의자에 조심스럽게 앉았다. 그리고 미리 준비되어 있던 점필과 종이를 들었다.

과데는 이번에는 참석한 사람 중 한 사람을 지명했다.

"신사분, 앞으로 나와 주시면 감사하겠습니다."

사람들은 무슨 일이 일어날지 궁금해하며 무대 위의 눈먼 소녀를 지켜보았다. 지명된 신사는 무대 위로 올라섰다.

"신사분께서 이 책에서 원하는 곳을 펼쳐 내용을 읽어 주시겠습니까?"

과데가 책을 건네자 신사는 바로 책을 펼치고 시를 읽었다. 의자에 앉아 있던 눈먼 소녀는 이것을 점자로 받아 적었다. 그리고 잠시 뒤, 강당 문이 열리면서 맹아학교의 학생이 들어왔다.

"폴, 이리로 와. 여러분, 폴은 여기 계신 신사분이 시를 읽을 때

강당 밖에 있었습니다. 여기 계신 신사분이 무슨 시를 읽었는지 모르죠."

폴은 열두 살 쯤 된 소년이었다.

"여러분, 폴은 잔이 점자로 받아 적은 시를 읽어 준다고 합니다."

폴은 손끝으로 점자를 만지며 시를 읽었다.

강당을 가득 메운 사람들은 기적을 본 것처럼 놀라워했다. 이윽고 여기저기서 뜨거운 박수가 터져 나왔다.

사람들 속에 루이와 루이의 어머니도 있었다. 루이는 자신이 만든 점자가 20년이 지나고서야 사람들에게 인정을 받는 순간에 흥

분되기보다는 평화롭고 담담했다. 그저 먼 길을 돌고 돌아 이제 막 도착지에 다다른 기분이었다.

"루이, 마침내 이루어졌구나!"

어머니는 루이의 마른 손을 꼭 잡고 감격스러워했다.

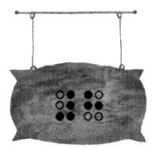

8. 별이 되다

1844년 가을이 끝나 갈 무렵, 루이는 요양원으로 가야 할 만큼 건강이 나빠졌다. 루이는 서른다섯 살의 젊은 나이였지만 기운이 없어서 그냥 서 있기도 힘들었다. 점차 수업은 물론 일상생활도 어려워 거의 침대에서 누워 지내야만 했다.

루이는 이럴 때면 피니에 선생님이 더욱 그리웠다. 피니에 선생님이 학교를 그만둔 뒤에도 두 사람은 편지를 주고받고, 가족처럼 계속해서 만났다. 루이는 즐거울 때보다는 고통이 찾아올 때 더욱 피니에 선생님과 보냈던 즐거운 시간을 떠올리며 견뎌 내고 있었다.

루이는 기력이 조금 회복될 때면 피아노를 쳤다. 음악은 언제나 곁에 있는 루이의 친구였다. 루이는 요양원에 있는 사람들과 첼로

와 피아노 이중주를 연주하기도 했다. 연주가 끝나면 함께 연주했던 사람과 차를 마시며 이야기를 나누었다.

"브라유 씨, 오늘은 기력이 좋아 보이네요."

"태양 덕분이에요. 이렇게 날씨가 좋은 날에는 슬픈 마음도 햇볕에 말라 모두 사라진답니다."

"나도 연주가 더 잘되는 것 같아요."

"지금쯤 제 고향 쿠브레이에서는 포도가 익어 갈 거예요."

"곧 건강해져서 고향으로 돌아갈 수 있을 거예요."

"그래야죠. 할 일이 많거든요."

화창한 날씨가 계속되는 9월에는 루이의 건강도 좋아지는 것 같았다. 10월 접어들면서 요양원의 공기가 차가워지고 빗방울이 떨어졌다. 루이는 빗소리가 자신을 가두는 감옥을 만드는 못을 박는 소리처럼 들렸다. 이런 가을비가 두세 번 더 내리고 나면 겨울이었다. 루이는 추운 겨울이 다가오는 것이 두려웠다.

루이는 그 뒤 몇 년 동안 요양원과 파리를 오가며 한 해 한 해를 보냈다. 건강이 허락될 때는 맹아학교 학생들을 가르치고, 친구들을 만나고, 음악을 연주했지만 점점 할 수 있는 일이 줄어들었다. 그러나 점자에 쏟는 관심과 열의는 여전했다.

점자는 맹아학교에서 다시 쓰이게 되었지만 여전히 공식적인 문자가 되지는 않았다. 그렇지만 학생들의 뜨거운 지지를 받으며 더 많이 쓰였고, 다른 나라에도 소개되기 시작했다.

1851년, 겨울이 시작되면서부터 루이는 자신의 죽음이 가까워졌음을 느끼며 유언장을 작성했다. 시련과 고통을 통해 강인한 영혼으로 삶을 일구었던 루이는 죽음 앞에서도 두려워하지 않았다. 평안하게 삶을 마무리하고 싶었다.

"이폴리트, 사실 나 신에게 부탁했어."

"무슨 부탁?"

"내 삶을 세상에서 거두어 달라고."

"루이, 무슨 그런 말을……."

"이폴리트, 내게 삶이 얼마 남지 않았다는 것은 나도 잘 알아."

"……."

"이제 이 땅에서 내가 해야 할 모든 일을 다 마친 것 같아."

"루이, 너는 그 일을 위해 너의 시간과 건강, 모든 것을 다 바쳤어!"

루이는 친구나 친척들에게 빌려 준 돈을 모두 받지 않기로 했다.

그리고 맹아학교 학생들을 위해 쓸 수 있도록 돈을 기부했다. 어머니에게는 연금을 받을 수 있게 하고, 조카들에게도 유산을 남기기로 했다. 친구들에게는 피아노와 책, 가구 등을 남겨 주기로 했다.

1852년 1월, 루이는 파리 교외에서 죽음을 앞두고 있었다. 루이는 짧은 여행을 떠나는 것처럼 죽음 앞에서 담담했다. 그의 침대 곁에

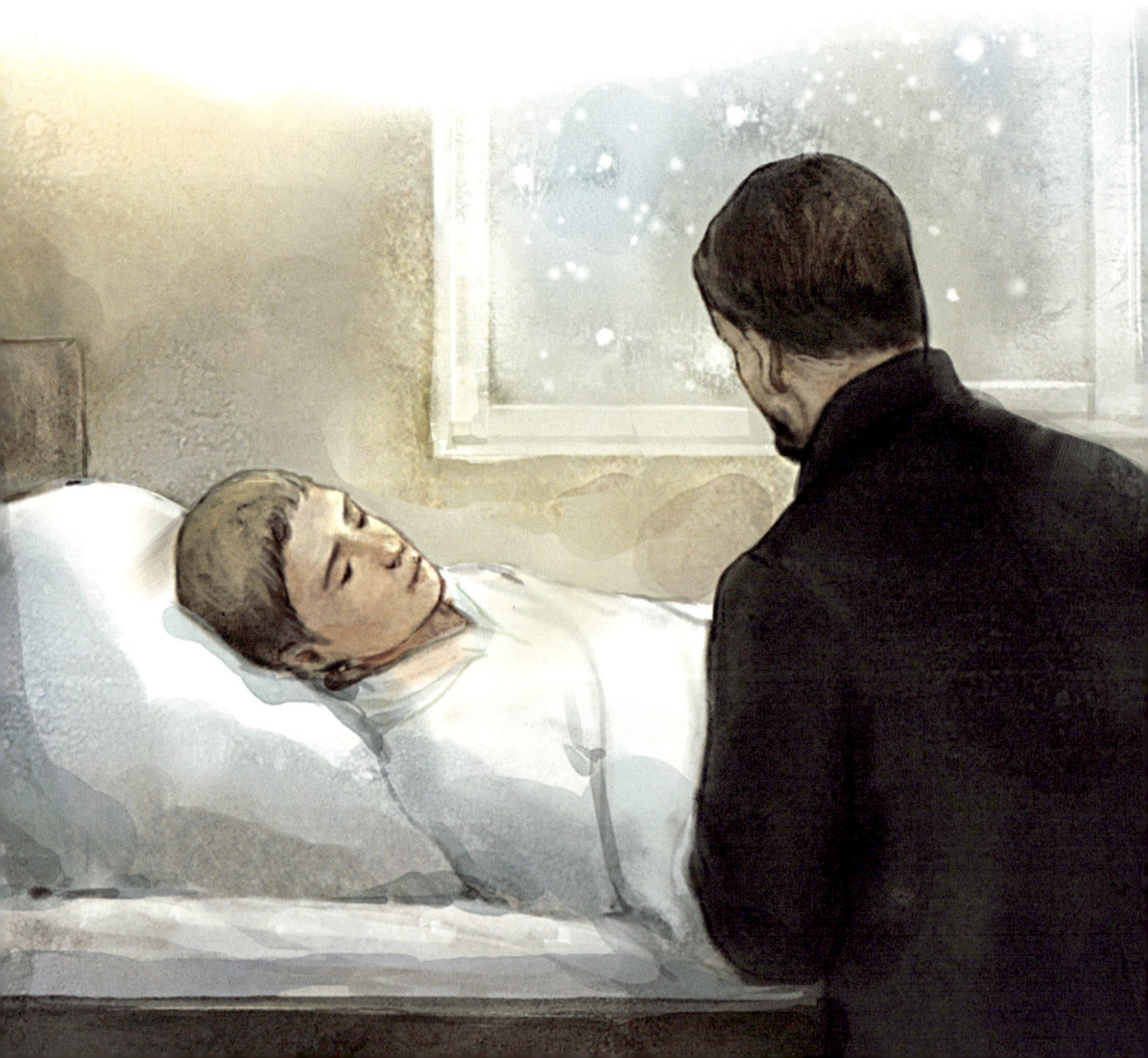

는 쿠브레이에서 온 형과, 평생 함께했던 친구 가브리엘과 이폴리트, 몇 명의 친구들이 있었다.

"루이, 고마워. 너는 우리 모두에게 선물을 주었어."

가브리엘이 말했다.

루이는 겨우 입술을 달싹거렸다. 그러나 아무 소리도 내지 못했다.

"루이, 우리 모두 너를 잊지 않을게. 사랑해!"

이폴리트는 눈물을 참으며 겨우 말했다.

루이는 숨을 몰아쉬며 힘들게 고개를 끄덕였다. 가족과 친구들은 루이와 영원한 작별 인사를 했다. 루이는 마흔세 번째 생일이 지난 며칠 뒤인 1852년 1월 6일 영원히 눈을 감았다. 그의 장례식은 맹아학교에서 치러졌다. 가족과 친구, 그리고 맹아학교의 많은 학생들이 그의 죽음을 슬퍼했다.

장례식 다음 날, 검은색 마차가 파리를 떠나 쿠브레이로 향했다. 루이는 25년 동안 점자를 완성하는 데 애쓰고, 마흔셋이라는 짧은 생을 마감하고 쿠브레이 가족 묘지에 묻혔다.

루이가 생을 마치는 순간까지도 점자는 맹아학교의 공식적인 문자로 사용되지 못했다. 1854년, 루이가 세상을 떠난 2년 뒤에야 점자는 프랑스 정부의 공인을 받을 수 있었다. 공식적인 문자가 된 점자는 왕립맹아학교는 물론 프랑스 전 지역에서 시각장애인이 읽고 쓰는 데 꼭 필요한 문자가 되었다.

점자는 유럽의 다른 나라에서 그 우수성이 입증되고 큰 환영을 받는 데는 오랜 시간이 걸리지 않았다. 점자를 직접 사용하는 시각장애인들은 점자의 실용성을 금방 알아차렸다. 점자는 배우기 쉽고 사용이 편리했기 때문이다.

시각장애인은 끝이 뾰족한 점필을 사용해서 점자판의 홈을 따라 자신이 쓰려고 하는 내용을 정확하게 점으로 찍었다. 이를 점역이라고 하는데, 시각장애인들이 점역하는 모습은 지켜보는 사람들을 놀라게 했다. 시각장애인들은 얼굴을 찡그리거나 고개를 갸웃거리는 일도 없이 척척 점자를 찍었다. 그리고 점필을 내려놓고 방금 작성한 점자를 손가락으로 하나하나 읽어 나갔다. 이렇게 점역된 글은 또 다른 시각장애인이 빠른 속도로 읽었다.

점자는 벨기에와 스위스에서 받아들여진 이후 유럽의 여러 나라에서 공식 문자로 채택되었다. 그 뒤 전 세계로 퍼져 나가 각 나라 점자의 기초가 되었다.

1878년에는 파리에서 특별한 회의가 개최되었다. 시각장애인들을 가르치는 교사들이 점자에 대해 토의하기 위해 모인 것이었다. 유럽의 여러 나라에서 점자를 사용한다는 회의였다. 또 이 회의에서 점자의 이름을 정했다. 점자의 이름은 루이 브라유(Louis Braille)

의 성과 동일하게 브라유(braille, 영어로는 브레일)를 사용하기로 결의했다. 열다섯 살의 눈먼 소년 브라유가 만든 점자의 이름인 '브라유'는 이후 점자의 공식 이름이 되었다.

점자는 점점 더 많은 나라의 맹아학교에서 공식적인 문자로 사용되다가 1930년대부터는 영어권 표준으로 사용되었다. 그 뒤 전 세계적으로 200개가 넘는 언어에 점자가 적용되기 시작해 한국어, 중국어, 일본어는 물론 줄루 어 같은 소수 민족 언어에서도 사용되고 있다.

우리나라에서는 훈맹정음이 만들어졌다. 훈맹정음(訓盲正音)은 1926년 재생원 맹아부 교사인 박두성이 만든 한글 점자다. 훈맹정음은 '눈먼 사람들을 가르치는 바른 소리'라는 뜻이다. 훈맹정음은 브라유 점자를 도입하여 한글을 점자로 표현할 수 있도록 한 것으로 한글의 특성에 맞는 원리를 사용하여 만들어졌다.

점자는 20세기에 들어서며 점자타자기의 발명 등으로 기술적 발전을 거듭하며 점점 편리해졌다. 현대에 들어서는 컴퓨터 기술을 기반으로 하는 시각장애인용 소프트웨어를 통해 그 사용성이 획기적으로 높아졌다.

1952년은 루이가 죽은 뒤 100년이 되는 해였다. 프랑스 정부는 루이의 업적을 기리기 위해 쿠브레이에 있던 루이의 유골을 팡테옹 국립묘지로 옮기기로 했다. 팡테옹 국립묘지는 프랑스를 빛낸 위대한 인물들이 잠들어 있는 곳이다. 쿠브레이 사람들은 루이가 나고 자란 고향에 그의 일부라도 남겨지기를 바랐다. 논의 끝에 쿠브레이 묘지에는 '점자'를 만든 루이의 손을 작은 대리석 함에 담아 남겨 두기로 했다. 루이가 살았던 집은 그를 기억하기 위한 박물관이 되었다. 루이 브라유 광장에 서 있는 그의 동상에는 이런 글이 새겨져 있다.

"앞을 볼 수 없는 모든 사람들에게 지식의 문을 열어 주었다"

루이를 파리의 팡테옹 국립묘지로 옮기며 열린 추도식에는 수많은 사람들이 참석했다. 100년 전 그의 죽음은 파리의 어느 신문에서도 보도되지 않았지만 팡테옹 국립묘지로 가는 길은 세계의 많은 신문들이 보도했고, 수많은 사람들이 그를 위한 추도식에 참석했다.

헬렌 켈러도 참석했다. 헬렌은 브라유가 만든 점자로 책을 읽고,

공부했다. 헬렌은 "사람들이 구텐베르크에게 진 빚을, 우리 시각장애인들은 브라유에게 지고 있다"고 연설했다.

루이의 운구 행렬을 수백 명의 시각장애인들이 흰 지팡이를 짚고 뒤따랐다. 사람들은 속 깊은 마음속 인사를 전했다.

"고마워요, 루이!"

1992년, 헬린과 로렌스라는 학자는 미국에 있는 팔로마 천문대에서 우주를 관측하다가 새로운 소행성을 찾아냈다. 화성 횡단 소행성으로 태양을 3.58년 주기로 공전하는 별이었다. 이 별을 1992KD라고 했다. 소행성은 태양을 중심으로 도는 천체 중 행성보다는 작지만 운석보다는 큰 작은 별을 말한다. 이 소행성들은 최초로 발견된 세레스부터 지금까지 계속해서 발견되고 있다.

새로운 행성이 발견되면 고유의 이름을 붙인다. 처음에는 그리스 로마 신화에 나오는 이름을 붙였는데, 뒤에는 유명인의 이름이나 발견자의 이름을 붙이기도 했다. 또 문학이나 영화 캐릭터의 이름을 붙이기도 한다.

행성협회는 1992KD에도 이름을 붙이기로 했다. 수백 개의 이름이 후보로 올랐다. 그 가운데 한 사람이 브라유의 이름을 붙이자

고 제안했다. 점자를 만든 브라유의 업적을 기리자는 것이었다. 그래서 이 소행성의 이름은 '9969 브라유'가 되었다. 루이는 진짜 별이 된 것이다.

사람들은 점자를 세상에서 가장 아름다운 글자라고 부른다. 손으로 읽는 점자는 왜 아름다운가? 여섯 개의 별과 같기 때문이다. 길을 잃은 사람들에게 길을 알려 주는 길잡이별처럼 반짝인다. 점자는 빛을 잃은 눈먼 사람들에게 지식의 길을 알려 준다. 그리고 그 점자라는 빛을 통해 길을 찾은 사람들도 우리 삶의 또 다른 빛이 된다.

  빛을 잃은 사람들의 별이 된 점자, 그리고 '9969 브라유'라는 별이 된 루이는 오늘도 반짝인다.

루이 브라유 연보

1809년 1월 4일, 프랑스 쿠브레이에서 4남매 중 막내로 태어나다

1812년 한쪽 눈을 다쳐 시력을 잃다

1814년 두 눈 모두 시력을 잃다

1816년 팔뤼 신부, 루이에게 공부를 가르치다

1817년 마을 학교에 다니기 시작하다

1819년 쿠브레이를 떠나 파리왕립맹아학교에 입학하다

1821년 바르비에를 통해 점자(야간 문자)를 알게 되다

   파리왕립맹아학교를 만든 발랑탱 아우이를 만나다

1824년 브라유 셀을 만들다

1828년 파리왕립맹아학교를 졸업하고, 맹아학교의 견습교사가 되다

1829년 『루이 브라유가 창안하고, 시각장애인들이 점을 이용하여 문자를 기록하는 방법』 출간하다

1831년 루이의 아버지 시몽 브라유 사망하다

1832년 숫자/연산 점자를 만들다

1833년 맹아학교의 정식 교사가 되다

1834년 악보 점자를 만들다

폐결핵 진단을 받다

1844년 요양원으로 가야 할 만큼 건강이 나빠지다

1851년 유언장을 작성하다

1852년 1월 6일, 세상을 떠나다

1854년 점자가 프랑스 정부의 공인을 받다

1878년 점자의 공식 이름을 '브라유'로 정하다

1952년 루이의 유골을 팡테옹 국립묘지로 옮기다

1992년 화성 횡단 소행성의 이름을 '9969 브라유'로 정하다

시각장애인에 대한 이해

✦ 시각장애란? ✦

시각장애인은 시력을 완전히 잃고 깜깜한 세계에서 생활하고 있다고 생각하는 사람들이 많다. 하지만 사실 그런 사람은 소수이다. 시각장애인의 상당수는 명암을 구분할 수 있는 광각(光覺, 빛에 대한 감각)이 있거나, 희미하게나마 색깔을 구분할 수 있거나, 또는 남아 있는 시각 기능을 이용하여 그것을 일상생활에 중요하고 유효하게 활용하고 있다.

시각장애를 시력장애와 혼동하는 경우도 많다. 먼 곳이나 작은 물건이 보이지 않는 시력의 장애가 곧 시각장애라고 착각하는 사람이 있으나 시력장애는 시각장애의 일부일 뿐이다.

의학적으로 시각장애에는 시력, 시야, 광각, 색각(빛의 파장 차이를 구별해서 색을 분별하는 감각), 굴절, 조절, 양안시 등 모든 시각 분야의 이상 현상이 포함된다. 그러나 법적으로는 시력과 시야의 이상만을 장애로 정하고 있다. 의학상의 시각장애 분류는 다음과 같다.

- **시력장애**: 시력이 매우 낮거나 물체가 보이지 않는 장애.
- **시야장애**: 보이는 범위가 좁아져 시야의 50% 이상이 축소되었거나 터널시야(터널 속에서 터널 입구를 바라보는 모양으로 시야가 제한되는 것)가 된 장애.
- **광각장애**: 낮에 보는 추상세포(망막에 있으며 밝은 빛을 감지하는 세포로, 원추세포라고도 함)와 밤에 보는 간상세포(망막에 있으며 어두운 빛을 감지하는 세포)가 손상을 받거나, 그 수가 어느 한쪽이 선천적으로 부족하여 밝은 곳에서 잘 보이지 않거나 밤에 보이지 않는 장애.
- **색각장애**: 색약이나 색맹의 상태.
- **굴절장애**: 빛의 굴절에 문제가 있어 난시가 되거나, 근시, 원시 등으로 초점이 망막에 맺히지 못하는 장애. 안경으로 조절이 가능함.
- **조절장애**: 수정체의 두께 조절이 잘 안 되거나, 안구를 움직이는 동안근이 잘 조절되지 않는 장애.
- **양안시장애**: 한쪽 눈이 잘 보이지 않거나 시력이 매우 낮아 입체시를 이루지 못하는 장애.

● 점자 ●

점자(點字)는 시각장애인들이 지식과 기술을 습득할 수 있는 가장 중요한 도구이다. 시각장애인들에게 점자는 문자 이상의 의미가 있다. 자신감과 독립성은 물론 사회생활의 동등권을 획득하는 시각장애인들의 의사소통 수단이 점자이기 때문이다.

점자는 지면이 볼록 튀어나오게 점을 찍어 손가락 끝의 촉각으로 읽도록 만들어져서 점자를 읽으려면 고도의 집중력과 훈련이 필요하다. 점자는 점 글자 하나하나가 읽기의 지각 단위이며, 점자를 구성하는 점의 개수보다 오히려 점의 배열이나 특이한 모양이 점자 구성에 결정적인 변수가 된다.

단어는 그 단어를 구성하는 점자들을 하나하나 읽은 뒤 그것들을 모두 통합하여 인식해야 한다. 따라서 점자 읽기에서는 묵자(일반 글자) 읽기에서보다 더 높은 지적 능력이 요구된다. 더불어 한글 점자 외에 수학, 과학, 음악, 외국어, 그리고 특수 문장부호까지 구별해서 표기하므로 이를 지각하려면 많은 노력이 뒤따라야 한다. 모든 점자들은 촉각으로 지각해야 하기 때문에 점자를 읽는 것은 묵독(일반 글자 읽기)보다 느리다.

❋ 점자의 유래 ❋

시각장애인들이 의사소통할 수 있는 문자를 개발한 기원은 로마 시대로 거슬러 올라간다. 로마의 수사학자 쿠인틸리아누스가 처음 개발한 시각장애인용 문자판은 타벨라(Tabella)라 불렸는데, 이는 나무, 상아 또는 금속판에 문자를 직접 써 넣는 방식으로 제작되었다.

이후 5세기경 신학자이자 교사였던 시각장애인 디디무스는 목판에 알파벳 문자를 새겨 넣는 방식으로 단어와 문장을 제작하는 방식을 고안했다. 그러나 이 방식은 활용도가 떨어져 시각장애인들의 불편함을 해소하지 못했다.

16세기 초에 이르러서는 스페인 사라고사 지역의 루카스가 얇은 목판 위에 문자를 조각했는데, 이 목판 문자가 이탈리아로 전해졌다. 람파제토에 의해 개정된 이 목판 문자는 1575년 이후 로마에서 학생 교육에 사용되었다. 그 밖에도 할스데마르퍼가 양초를 바른 판 위에 글자를 새긴 후 손가락으로 만져 읽는 방법을 고안하여 널리 보급하기도 했다.

17세기경 프랑스의 모로는 자유롭게 이동할 수 있도록 활자를 납으로 만들었다. 시각장애인들이 촉각으로 이용할 수 있는 방식이긴 하지만, 납의 무게 때문에 제작하기 어렵고 비용도 많이 드는 이유로 보편화되지 못했다. 독일의 쇤베르거는 이와 유사한 방식을 썼는데, 그는 납 대신 주석을 사용했다.

이들 선각자들의 노력은 프랑스에서 점자가 완성되어 갈 수 있는 토대가 되었다. 1784년, 아우이는 파리에 맹아학교를 설립하고 돋음 문자 인쇄를 시작했으며, 1808년에 이르러 마침내 프랑스의 육군 장교 바르비에가 처음으로 점자를 고안하게 되었다. 바르비에는 야간 전투에서 메시지를 효율적으로 전달하기 위한 방법으로, 손으로 만져서 읽을 수 있는 점으로 된 문자를 생각해 냈다. 그러나 오늘날에 쓰는 점자 형태는 1824년 파리맹아학교에 다니던 루이 브라유가 그 틀을 만들었다.

바르비에가 고안한 군대용 야간 문자는 세로 6줄에 가로 2줄씩 총 12점으로 구성되어 있어 손끝으로 한꺼번에 읽기에는 불편한 점이 있었다. 브라유는 이 점을 보완하여 세로 3줄에 가로 2줄, 총 6점으로 이루어진 점자를 개발했다. 비슷한 시기에 영국, 독일, 미국 등지에서도 여러 점문자 타입이 연구되었으며, 보편적으로 사용될 수 있는 방안들을 찾기 위해 노력했다.

● 한글 점자 '훈맹정음' 창안 ●

한글 점자는 1926년 송암 박두성(1888~1963)이 창안하였다. 시각장애인들을 가르치면서 그들에게도 의사소통을 할 수 있는 문자 체계가 필요하다고 느낀 박두성은 피나는 노력 끝에 한글 점자 '훈맹정음(訓盲正音)'을 세상에 내놓았다.

한국 시각장애인들이 의사소통을 할 수 있는 점자가 필요하다고 처음 제안한 사람은 미국인 선교사 로제타 홀이었다. 홀은 20세기 초 미국에서 활용되던 뉴욕식 점자 체계를 바탕으로 한글 최초의 '조선훈맹점자'(4점형 점자)를 만들었다. 그러나 이 조선훈맹점자는 세로 2줄, 가로 2줄의 4점형으로 만들어져 당시 시각장애인들 사이에서 더욱 우수하다고 인식되던 6점형에 비해 편리성이 떨어졌다. 홀이 개발한 4점형은 자음과 모음이 한 덩이로 되어 있어 익혀야 할 글자의 수가 많고, 초성 자음과 종성 자음이 구별되지 않아 문자로서 결함을 갖고 있었다.

이러한 문제점을 인식한 박두성은 홀에게 6점형 한글 점자를 함께 제정할 것을 건의하기도 하였다. 그러나 홀이 제안을 거절하자, 박두성은 조선 총독부가 설립한 제생원 맹아부(현 서울맹학교) 교사로 발령받은 후 브라유의 6점식 점자를 토대로 한글 점자 개발에 착수했다. 박두성은 제생원 학생, 일반 시각장애인들과 함께 브라유식 한글 점자 연구를 시작하여 1921년 6점식 한글 점자를 내놓게 되었다. 그 후 수차례의 수정, 보완을 거쳐 1926년 11월 4일 훈민정음과 음이 비슷한 '훈맹정음'이란 이름으로 한글 점자를 발표하였다.

한글 점자의 창안이 세상에 알려지면서 박두성은 시각장애인들의 세종대왕이라 일컬어지게 되었다. 그가 만든 한글 점자는 시각장애인 교육의 기틀이자 재활의 통로가 되었다.

★ 한글 점자의 우수성 ★

점자는 한글을 가로로 풀어쓰는 것이나 마찬가지이다(예: 한글 → ㅎ, ㅏ, ㄴ, ㄱ, ㅡ, ㄹ). 이런 경우 정안인(비시각장애인)이라면 앞뒤 문맥을 통해 쉽게 짐작하지만 시각장애인은 눈을 감고 촉각만으로 인식하기 때문에 혼동하기 쉽다. 예를 들면, 'ㅎ, ㅏ, ㄱ, ㄱ, ㅛ'(학교)라고 할 때 'ㄱ, ㄱ'이 연속되기 때문에 잘못 읽기 쉽다.

박두성은 이런 문제들을 해결하기 위해 1923년 4월 자신의 제자 8명과 함께 조선어 점자연구위원회를 비밀리에 조직하였다.

한글 점자 일람표.

점자의 기점(시작되는 점)이 적으면 식별하기 쉽다는 점에 착안하여 초성(자음)과 종성(받침)에 주로 2점을 배당시키고 중성은 전부 3점으로 했다. 또한 한 점이라도 더 아끼기 위해 점자 체계에 큰 지장이 없는 초성의 'ㅇ'자는 빼기로 했다. 사실 초성은 'ㅇ'자로 풀어쓸 경우 빼도 상관없다.

다음으로 문장에서 가장 많이 사용하는 토씨(가, 을, 은, 의, 에 등)와 글자 구성이 복잡한 '예', '와', '워' 등의 글자를 모아 약자를 만들었다. 그런데 초성 'ㅇ'을 뺄 경우, '아이'를 점역할 때 뒤 글자 '이'에서 'ㅇ'을 빼면 'ㅐ'로 잘못 읽을 우려가 있어 '애'도 독립된 약자로 표기하고, 마지막으로 문장부호와 숫자를 만들었다.

이렇게 지속된 3년 4개월여의 창안 노력 끝에 마침내 한글 점자를 완성하게 되었다. 한글 점자는 자음과 모음의 규칙적 결합으로 이루어져 원리만 이해한다면 쉽게 활용할 수 있다는 특성이 있다. 그뿐만 아니라 소리 나는 대로 쓰고 쓴 대로 읽을 수 있으며, 중성의 대칭성 원칙을 과학적으로 적용한 점, 한 가지를 알면 다음 글자를 연상하여 익힐 수 있다는 점에서 매우 과학적이며 우수한 문자 체계이다.

● 한글 점자 창안자, 송암 박두성 ●

송암 박두성은 1888년 경기도 강화군에서 태어났다. 어릴 적에는 두 동생과 함께 서당에서 한문을 공부했고, 후에는 강화도에 있는 보창학교를 거쳐 1906년 한성사범학교 속성과를 졸업했다. 졸업 후 양현동 보통학교와 어의동 보통학교에서 근무하였다.

박두성은 조선총독부가 세운 제생원 맹아부 교사로 추천되어 스물네 살 때인 1913년 맹교육에 첫발을 내딛었다. 제생원 맹아부 교사 시절 그는, 수입과 지출을 정확하게 계산해야 맹인들이 잘 살 수 있다고 생각하여 주산을 가르쳤고, 일본인 교사들의 일본 점자 수업 시간에 들어가 통역을 하다가 일본 점지 일람표를 보고 연구하면서 점자도 가르쳤다.

그 밖에도 그는 학생들에게 조선어를 가르치기도 하고, 사감으로 맹학생들의 생활 지도를 담당하면서 식사 시간에는 수저 바로 잡기를 가르치고, 자세가 바르지 못한 맹학생에게 바른 자세를 가르치는 등 일상생활 교육에도 힘썼다.

이러한 가운데 앞을 못 보는 맹학생에게 한글 점자가 반드시 있어야 한다는 신념을 갖고 1926년에 훈맹정음을 창안하였다. 그는 학교에서 퇴직할 때까지 22년 동안 제생원 맹아부 교사로 근무하면서 점자 연구와 출판

보급에 주력했다.

　1940년 이후에는 '조선맹아사업협회'를 설립하여 시각장애인들에게 점자 통신교육을 실시하였고, 주간지 《촛불》을 발간하였다. 그리고 1955년부터 구약성서와 신약성서를 다시 점역하여 1957년에 신·구약 성경전서 점역을 완성하였다. 그는 점자 출판사업을 계속하다가 1963년 8월 25일 세상을 떠났다.

✦ 흰지팡이 헌장 ✦

흰지팡이는 시각장애인이 길을 찾고 활동하는 데 가장 적합한 도구이며 시각장애인의 자립과 성취를 나타내는 전 세계적으로 공인된 상징이다. 흰지팡이는 장애물의 위치와 지형의 변화를 알려 주는 도구로 어떠한 예상치 않은 상황에서도 시각장애인이 신속하게 적응할 수 있도록 정보를 제공해 주는 도구이다. 누구든 흰지팡이를 동정을 불러일으키는 대상으로 잘못 이해해서는 안 된다.

　흰지팡이를 사용하는 시각장애인을 만날 때에 운전자는 주의해야 하며, 보행자는 길을 비켜 주거나 도움을 청해 오면 친절하게 안내해 주어야 한다. 그러므로 흰지팡이는 시각장애인이 마음 놓고 활동할 수 있는 권리를 보장해 주는 또 하나의 표시이다.

시각장애인의 권익을 옹호하고 복지를 증진하기 위해 전 세계적으로 해마다 10월 15일을 '흰지팡이 날'로 정해 기념하고 있다.

● 시각장애인을 대할 때의 에티켓 ●

- **시각장애인을 만날 때**: 목소리가 아니면 시각장애인은 당신을 알아볼 수 없습니다. 반갑게 먼저 인사를 건네고, 자신이 누구인지 밝혀 주세요.
- **시각장애인 안내 보행법(안내 자세)**: 시각장애인을 안내해 함께 걸을 때에는 시각장애인의 반걸음 앞에 서서 팔꿈치 윗부분을 잡을 수 있게 해 주세요. 안내하는 팔은 오른쪽이든 왼쪽이든 상관없습니다.
- **시각장애인 안내 보행법(계단을 오르내릴 때)**: 계단을 한 걸음 앞에 두고 잠깐 멈춰 선 다음, 올라가는 계단인지 내려가는 계단인지 말씀해 주세요. 시각장애인이 계단 손잡이를 잡을 수 있게 해 주시면 더욱 안전하게 이동할 수 있어요.
- **시각장애인 안내 보행법(비좁은 길, 출입문 이동)**: 좁은 길에서는 안내

하는 팔을 뒤로 하여 잡게 하고, 길이 좁아진다고 알려 줍니다. 출입문을 통과할 때는 안내자가 문을 연 다음 시각장애인이 다른 손으로 문의 손잡이를 잡고 닫을 수 있게 해 주세요.

- **의자에 앉힐 때**: 시각장애인을 의자에 앉혀 줄 때에는 몸을 돌려 앉히려 하지 말고, 한 손은 의자 등받이에 다른 한 손은 책상에 닿게 해 주면 스스로 앉을 수 있습니다.

- **식사를 함께 할 때**: 시각장애인과 식사할 때에는 음식의 위치를 시계 방향 또는 전후좌우 등 일정한 방향으로 설명하면서, 시각장애인 자신의 수저로 그릇 위치를 직접 확인할 수 있도록 도와주는 것이 좋습니다.

- **길 안내할 때**: 시각장애인에게 길을 알려 줄 때는 '저기', '여기'라는 표현 대신에 숫자나 방향(동서남북)을 사용해서 구체적인 정보를 알려 주세요.

- **대중교통 안내할 때**: 버스정류장에서 시각장애인이 도움을 청할 때에는 타고자 하는 버스가 도착하면 출입문에 손을 대어 주어 승차할 수 있도록 안내해 주세요. 택시를 탈 때에는 시각장애인이 머리를 차체에 부딪치지 않도록, 한 손은 차체에 한 손은 차 문에 닿게 해 주세요.

- **시각장애인의 소지품을 옮길 때**: 시각장애인의 물건을 특정한 장소에 옮겨 놓을 때에는 나중에 물건을 찾아 헤매지 않도록 반드시 그 위치

를 알려 주세요.

- **물건을 판매할 때**: 물건이나 거스름돈을 시각장애인에게 전할 때 직접 손에 건네주세요. 거스름돈을 전할 때는 "5천 원권 1장과 1천 원권 3장, 총 8천 원 거슬러 드렸습니다"라고 설명해 주시면 좋습니다.

- **안내견을 만날 때**: 안내견을 쓰다듬거나 먹을 것을 주는 행동은 안내견의 집중력을 떨어뜨려 시각장애인의 안전한 보행을 방해할 수 있으니 삼가해 주세요.

- **영상물이나 공연을 관람할 때**: 영화나 연극, 텔레비전, 스포츠 등을 관람하는 것은 시각장애인과는 관계가 없는 것이라고 생각하는 것은 잘못입니다. 시각장애인이 이해할 수 없는 장면이나 상황은 잘 설명해 주시면 비장애인과 함께 즐길 수 있습니다.

「시각장애인에 대한 이해」 내용 출처:
한국시각장애인복지관 www.hsb.or.kr

지은이_ 차은숙

대학에서 문예창작을 공부했다. 어린이들의 마음에 꿈의 씨앗을 뿌리고 햇살을 비추는 책을 쓰는 게 꿈이다. 책을 좋아하는 아이였다가 책 읽고 만드는 어른이 되었다. 쓴 책으로 『평화를 노래하는 초록띠』, 『선생님이 들려주는 분쟁 이야기 2, 3』 등이 있다.

그린이_ 윤종태

계원예고 서양화과와 경원대 회화과를 졸업했다. 서울시 캐릭터 공모전과 동아·LG 국제 만화전에서 입상하고, 남북 합작 애니메이션 〈황후 심청〉에서 아트 디렉터로 활동했다. 디자인으로 참여한 한국관광공사 홍보 영상 〈korea, sparkling〉이 뉴욕광고대상을 받았다. 그동안 그린 책으로 『연탄길』, 『이중섭과 세발자전거 타는 아이』, 『무덤 속의 그림』, 『홍원창 어린 배꾼』, 『간서치 형제의 책 읽는 집』, 『모래소금』, 『별』 등이 있다.

두레아이들 인물 읽기 ❼

루이 브라유
점자를 만든 천재적 발명가, 여섯 개의 별이 되다

1판 1쇄 발행 2016년 9월 18일
1판 2쇄 발행 2018년 3월 30일

지은이 차은숙 | 그린이 윤종태
펴낸이 조추자 | 펴낸곳 두레아이들 | 등록 2002년 4월 26일 제10-2365호
주소 서울시 마포구 마포대로 14가길 4-11 (04207)
전화 02)702-2119(영업), 703-8781(편집)
팩스 02)715-9420 | 이메일 dourei@chol.com | 블로그 blog.naver.com/dourei

* 책값은 뒤표지에 적혀 있습니다. 잘못 만들어진 책은 구입하신 곳에서 바꾸어 드립니다.
* 이 책은 저작권법에 따라 보호를 받는 저작물이므로 책의 내용 일부 또는 전체를 재사용하려면 저작권자와 출판사의 허락을 받아야 합니다.
* 이 도서의 국립중앙도서관 출판예정도서목록(CIP)은 서지정보유통지원시스템 홈페이지(http://seoji.nl.go.kr)와 국가자료공동목록시스템(http://www.nl.go.kr/kolisnet)에서 이용하실 수 있습니다. (CIP제어번호 : CIP2016021143)

ISBN 978-89-91550-79-7 73810